Lena

Immer frisch verliebt

Lena

Immer frisch verliebt

Für eine glückliche Beziehung voller Nähe

///////////////////////////// SILBERSCHNUR VERLAG

Anmerkung des Lektorates:
Das oberste Gebot jeden Lektorates ist es, sich in den Stil des Autors einzufühlen und bei allen Änderungen darauf zu achten, dass dessen persönliche Handschrift nicht verloren geht. Zudem verlangt gerade dieses Buch von einer Autorin, die uneingeschränkt ihre Authentizität lebt, danach, nicht an gängige Standards angepasst zu werden.
Daher haben wir uns dazu entschieden, auch einige umgangssprachliche oder wenig geläufige Begriffe im Text zu belassen, und hoffen, damit in Ihrem Sinne gehandelt zu haben.

© Verlag »Die Silberschnur« GmbH

ISBN 978-3-89845-500-8

1. Auflage 2016

Coverfoto: Constanze Wild
Umschlaggestaltung: XPresentation, Güllesheim
Gestaltung & Satz: XPresentation, Güllesheim
Druck: Finidr, s.r.o. Cesky Tesin

Verlag »Die Silberschnur« GmbH · Steinstraße 1 · D-56593 Güllesheim
www.silberschnur.de · E-Mail: info@silberschnur.de

Inhalt

Einklang

»Millionen von Menschen leiden.
Sie wollen geliebt werden,
aber sie wissen nicht, wie man liebt.«

Osho

Was haben störende Gedanken, Emotionen und dein Partner gemeinsam? Sie wollen dir alle zeigen, wie es geht zu lieben. Damit du ihre Liebe und Hinweise verstehen kannst und damit du auch lieben lernen kannst und dich geliebt fühlst, erkläre ich dir nun ein paar Dinge. ☺ Öffne dein Herz und genieße. ☺

Über Beziehungen und wie man lieben kann und soll, gibt es unzählige Bücher, Ratschläge und Tipps. Die meisten Bücher und Ratschläge geben jedoch ein fixes Schema vor, wie eine Beziehung funktioniert, was du der Reihe nach tun solltest, und sie sind oft lang und kompliziert. Dabei geht es in Beziehungen um die Liebe, um Spaß, um Freiheit, um Nähe – und dies sollte einfach sein und vor allem individuell. Jeder Mensch ist so verschieden und hat sehr verschiedene Wünsche und Bedürfnisse in einer Beziehung. Jede Beziehung ist auch total verschieden. Und so braucht es einen Wegweiser oder eine Anleitung, wie du deine persönlich auf dich abgestimmte, glückliche Beziehung voller Nähe erschaffen kannst. Dieses Buch gibt dir kein Schema F vor und auch keine Schritt-für-Schritt-Vorgehensweise. In diesem Buch erkläre ich, wie du Liebe kreieren kannst, nämlich mit dem Herzen, dem König der Liebe, dem Kompass der Liebe. ☺ Denn nur dein Herz weiß, wie du lieben willst, wie viel Nähe du brauchst und wie du glücklich sein kannst in deiner Beziehung. ☺

Dieses Buch ist ein Wegweiser, wie du mit deinem Herzen lieben kannst. Es ist nicht die ultimative Wahrheit und auch nicht der einzig richtige Weg. Es zeigt dir, wie du aus Normen aussteigen kannst, wie du Distanz und Streit in einer Beziehung vermeiden, wie du mehr Nähe erleben, wie du das Zusammensein mit deinem Partner einfach genießen und wie du die Sonnenseiten einer Partnerschaft verlängern kannst, so dass ihr möglichst viele glückliche und von Liebe erfüllte Stunden zusammen verbringen könnt. ☺

Ich habe dieses Buch aus dem Herzen geschrieben, das heißt, dein Herz versteht es am besten. Versuche, dich für das Buch und die Botschaft zu öffnen, lass deinen Verstand und Kopf ruhen und lass es wirken. Am einfachsten machst du es dir gemütlich, zündest eine Kerze an, legst schöne, entspannende Musik auf, atmest tief ein, lässt alles um dich herum los und gehst in dein Herz. ☺ Denn der Kopf kann mit diesem Buch wahrscheinlich nicht viel anfangen. ☺

Es gibt mehrere Übungen in diesem Buch ☺, da ich es liebe, in Action zu gehen, und weil es einfach wirkungsvoller ist, wenn man etwas gleich umsetzt. Alle Übungen sind darauf ausgerichtet, dass du die Antworten aus dem Herzen erhältst und erfragst. Ins Herz zu gehen, ist oft einfach. Falls du Mühe hast, ins Herz zu gehen, findest du auf meiner Seite www.lena.ch eine Herzmeditation oder Herz-Seminare.

Ich danke dir von ganzem Herzen, dass du noch mehr lieben möchtest und dass du dich, deinen Partner und die Welt mit deiner Liebe beglücken möchtest. Es ist mein tiefster Wunsch, Liebe auf dieser Erde zu verbreiten, dass sich die Menschen geliebt fühlen und frei lieben können. Aus diesem Grund habe ich dieses Buch geschrieben: für dich, für dein Herz und für deinen Partner. ☺

Falls es mit den Übungen nicht so klappen sollte, wie du es dir vorgestellt hast, frage deinen Partner, damit er dir hilft oder dich in die Übung hineinführt. Wenn das auch nicht geht, kannst du gerne in eine Beratung zu mir kommen, um es zu vertiefen, oder in meine Seminare, die sich auch an Paare richten. ☺

Möge diese Erde mit Liebe erfüllt sein und mögen sich alle Wesen aus tiefstem Herzen lieben. ♡ ♡ ♡

Wie ich zu diesem Wissen kam

Ich möchte nun mit dir teilen, wie ich zu diesem Wissen kam, welches ich dir in diesem Buch vermittle. Und zwar trage ich dieses Wissen, wie man liebt, wie man in einer Beziehung in Harmonie und Freude bleibt, wie man sein Herz in Beziehungen offen lässt, schon sehr lange in mir. Ich wende es seit meiner Kindheit einfach natürlich an. Das zeigt sich darin, dass ich immer eine Liebe in mir fühle, immer eine innere Zufriedenheit spüre und einfach eine Ruhe in mir trage. Das hat zum einen damit zu tun, dass ich ein Kristallkind bin (mehr über Kristallkinder in meinem ersten Buch *Wir Kristallkinder*), und zum anderen weil ich eben weiß, wie es geht, zu lieben, mit dem Herzen umzugehen, den inneren Frieden zu wahren usw.

Das erste Mal lehrte ich dieses Wissen auf Atlantis. Dort hatte ich einen Liebestempel, wo ich Männer ausbildete, eine Frau zu ehren, zu lieben und sie auch sexuell zu lieben. Ich bildete auch Frauen in der hohen Kunst des Liebens aus – sowohl im einfachen Lieben, Gernhaben und Offenbleiben in einer Beziehung wie auch im sexuellen Lieben. Dies bereitete mir damals schon große Freude. ☺ Der Tempel war heilig, und es wurden nur sehr weise und erfahrene Menschen aufgenommen, welche die Absicht hatten, Liebe zu verbreiten und in Liebe zu wachsen. Die Energie im Tempel war mit Licht und Liebe durchflutet, und alles war hell und glänzend.

In dieser Inkarnation, mein Körper ist 29 Jahre alt, während ich das schreibe, habe ich das Wissen vergessen. Wenn man etwas schon lange weiß und macht, weiß man oft nicht mehr, dass man es weiß. Ich habe es einfach selber angewendet und bin so meistens in der Liebesschwingung und einfach immer in diesem Verliebtheitszustand. Da es für mich so normal ist, dachte ich, dass die anderen Menschen wohl auch so fühlen müssten, und wunderte mich, wieso so viele Paare streiten. Bis ich eines Tages …

… selber erfahren habe, wie es ist, aus dieser Liebe herauszufallen.

Es fing alles damit an, dass eine Beziehung zu Ende war und ich sehr traurig und enttäuscht darüber war. Ich dachte, er sei mein Seelenpartner, den ich schon lange suchte, doch er war es wieder einmal nicht. Aus dieser Enttäuschung, diesem Schmerz und dieser Wut hinaus, schrie ich in den Himmel, dass ich doch jetzt endlich meinen Mann will, meinen Seelenpartner.

So bat ich das Universum, mir doch endlich meinen Mann zu bringen. Zwei Monate später schrieb er mir eine E-Mail.

Ich war sofort verliebt. Er wohnte in Südamerika, war total süß, auch sehr bewusst, erinnerte sich ebenfalls an seinen Heimatplaneten wie ich und war auch auf der Suche nach mir. Wir haben uns jeden Tag acht Stunden lang unterhalten und konnten kaum damit aufhören. Wir trafen uns in Südamerika und er kam auch in die Schweiz. Es war herrlich, er hatte eine liebevolle, sanfte Art und zum ersten Mal fühlte ich mich als Frau respektiert, sicher und eingehüllt. Wir verbrachten zwei wunderschöne Jahre zusammen, reisten viel, machten viele Heilungen für die Erde und die Menschen, unterhielten uns stundenlang und ich fühlte mich zum ersten Mal in meinem Leben verstanden und wohl auf der Erde. Zum ersten Mal kam so ein leises Gefühl von »es ist schön auf der Erde zu sein«.

Nach diesen zwei sehr intensiven Jahren war's so weit, dass sein Herz und seine Lebensaufgabe ihn wieder nach Südamerika zurückschickten. Und da meine Aufgabe in Europa ist, blieb ich hier. Wir versuchten, diese starke und tiefe Liebesverbindung aufrechtzuerhalten, doch unsere Herzen oder Seelen hatten andere Pläne mit uns. Und so kam es, dass wir uns nach fünf schwierigen Monaten trennten.

Ich fiel in ein riesiges Loch. Ich war so enttäuscht, traurig, verzweifelt und ohnmächtig, dass wir nicht zusammen sein konnten. Ich versuchte alles Mögliche, um die Beziehung irgendwie aufrechtzuerhalten, aber nichts funktionierte. Ich war so sauer auf das Universum, dass es mir endlich meinen Mann gebracht hatte und ihn mir dann einfach wieder wegnahm. Mein Schmerz und die Trauer waren so groß, dass ich nichts mehr von meinem Herzen oder der geistigen Welt wissen wollte. Ich fing an, alles zu verurteilen, und ich erlebte die zwei schlimmsten Monate meines ganzen Lebens. Ich konnte mich nicht mehr verlieben, wollte nicht mehr meine Lebensaufgabe machen und dachte daran, einfach Bäckerin zu werden. Zum Glück, wie immer, hatte ich gute Freunde und Wegbegleiter, welche mir halfen. Als ich dann drei Monate voller Schmerz, Trauer, Wut und Enttäuschung hinter mir hatte, stellte ich mir immer wieder die Frage: WIESO? Wieso gibt mir das Universum meinen Mann, meinen Traummann, meinen Seelengefährten, um ihn mir danach wieder wegzunehmen? Ich war so traurig.

Und die Antwort kam.

In einer Meditation stand ich plötzlich vor einem großen goldenen Tor und ich sah, wie ich einen Schlüsselbund mit vielen Schlüsseln in der Hand hielt. Ich trat durch das Tor und was ich da sah, war sooo wunderschön. Ich sah den Liebesgarten.

Ein Garten voller Liebesblumen, Rosen, Düfte, es war alles hell, schön, glänzend, harmonisch. Und in diesem Moment erinnerte ich mich. Ich erinnerte mich, wie ich schon seit meiner Kindheit die Fähigkeit und das Wissen habe, immer in der Liebe zu sein, immer mit dem Herzen in Kontakt zu sein. Ich erinnerte mich, wie ich schon in Atlantis und auf anderen Planeten den Leuten beigebracht habe, wie sie lieben können. All das Wissen war einfach wieder da und offen erreichbar für mich ☺. Ich fühlte eine tiefe Liebe und tiefe Dankbarkeit in mir, endlich wieder bewussten Zugriff darauf zu haben. Wie schön ☺ ☺ ☺ ☺ ☺ !

In diesem Moment verstand ich noch nicht genau, wie dieses Wissen mein Leben verändern würde, aber es zeigte sich bald. Ich lernte einen tollen Mann kennen und wir verliebten uns sofort. Die meisten Menschen sagten uns, dass wir nicht zusammenpassen würden, und eigentlich sei es gar nicht möglich, eine solche Beziehung zu führen, wir seien so verschieden.

Wir sind beide auf unterschiedlichen Kontinenten und in verschiedenen Kulturen aufgewachsen. Dazu kam, dass wir uns sprachlich kaum unterhalten konnten. Also die beste Voraussetzung, um auszuprobieren, ob dieses Wissen tatsächlich funktioniert. Und ja – es funktioniert tatsächlich. Jedes Mal, wenn wir an Konflikte kamen, ganz normale Beziehungskonflikte oder Konflikte aus den verschiedenen Kulturen, denen wir abstammen, konnte ich immer anhand des Wissens wieder Frieden und Harmonie herstellen. Wir waren so verliebt, und mit all dem Wissen aus dem Liebesgarten gelang es mir, eine wunderschöne, harmonische Beziehung aufzubauen, wo die Herzen lachen und die Liebe frei fließen kann.

Meine Lebensaufgabe ist es, die Liebe auf die Erde zu bringen, den Menschen zu helfen, wieder in die Liebe zu finden, liebevolle und schöne Beziehungen zu haben usw. Und nun hatte ich endlich das Wissen dazu, wie ich es den Menschen erklären kann. Ich bin so dankbar dafür ☺.

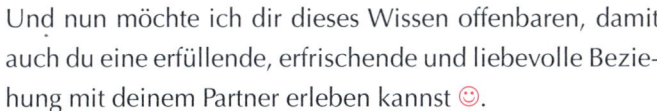

Und nun möchte ich dir dieses Wissen offenbaren, damit auch du eine erfüllende, erfrischende und liebevolle Beziehung mit deinem Partner erleben kannst ☺.

Ich habe das Universum um den Mann meines Lebens gebeten. Er kam. Als er ging, sagte mir die Liebe: »Ich möchte dir zeigen, wie ich wirklich bin«.

Als ich durch die Trennungsschmerzen ging, entdeckte ich das Wissen, wie man das Herz für einen Menschen immer offen halten kann und ihn somit immer lieben kann.

Es geht nicht darum, den richtigen Partner zu finden,
sondern darum, richtig zu lieben.

Liebe

Was ist Liebe genau? Hier möchte ich dir noch mehr und genauer erzählen, was die Liebe ist, wie sie ist und wie es ist, in der Herzensliebe zu sein.

Also Liebe ist das größte, echteste und schönste Licht, Gefühl, der schönste Zustand, in dem wir sein können. Er ist seeehr kraftvoll und wunderschön. Ich sehe Liebe oft als eine rosarot glitzernde, süße Wolke oder als Licht, welches dich einhüllt. Im Herzen fühle ich Liebe als alles umarmende, leichte, fröhliche, freudige, tolle, öffnende Energie, die aus meinem Herzen fließen möchte und alle und alles umarmen will. Aus meiner Kopfperspektive ist Liebe sehr unlogisch, nicht rational, wellenförmig, unberechenbar, mal klar und deutlich im Nein und mal ein offenes und herzliches Ja. Also der Kopf kann die Liebe nicht wirklich wahrnehmen, verstehen oder deuten.

Einmal ging es mir nicht gut, ich war traurig. Ich war zu Hause, redete mit der geistigen Welt und erzählte ihnen, wie traurig ich gerade war. Als ich so erzählte, habe ich mich immer mehr und mehr entspannt, und plötzlich hatte ich das Gefühl, als ob ich offener wäre oder schwebte – und auf einmal fühlte ich die Liebe. Die Liebe. Es war so schön, diese wahre, reine, klare Liebe zu fühlen. Ich fühlte sie einfach und sog sie in mich auf. Als ich diese Liebe fühlte, wusste ich ganz genau: Das ist echt! Dieses Gefühl, diese Liebe ist echt. Es waren keine Gedanken da, keine Zweifel – nur Klarheit. Und in diesem Moment lösten sich alle Illusionen auf. In diesem Moment wusste ich, dass Angst, Wut, Trauer und alle anderen Gefühle nur Schleier sind, dass sie nicht echt sind. Ich wusste: Ja, die Liebe, die ist echt! Es war sooo toll. Ich wusste, dass alles andere, was ich hier auf der Erde erfahre, was sich nicht so wie Liebe anfühlt, einfach nicht echt ist, es existiert nicht wirklich, es ist nur eine Skizze oder ein Kartenhaus, das man einfach umpusten kann. ☺

Du kannst dich zu jeder Zeit mit der Liebe verbinden, sie in dein Leben rufen und sie bitten, dich einzuhüllen. Sie ist total schön. ☺

Der Zweck
einer Beziehung

Weshalb haben wir eine Beziehung, oder was ist der Nutzen davon? Oder was bringt es, wenn wir lernen, aus tiefstem Herzen zu lieben? Dies möchte ich dir nun verraten. ☺ Es gibt natürlich verschiedene Gründe und Zwecke für eine Beziehung oder weshalb man eine Beziehung eingeht. Und diese Frage ist auch eher etwas für den rationalen Verstand, das Herz weiß es wieso, es weiß ja sowieso alles. ☺

Also ein Grund, ein simpler Grund ist, um ein Feld der Liebe zu kreieren. Das heißt ein energetisches Feld mit der Frequenz, welche der Liebe entspricht. Oder man macht in energetischer Form den Raum rosa, weil die Frequenz der Liebe oft die Farbe Rosa hat. Das bedeutet: Wenn ein Mensch im Herzen ist, sein Herz offen ist, er glücklich ist, kreiert er ein Feld der Liebe. Deshalb fühlen sich die Menschen auch zu einem verliebten Menschen hingezogen, weil sie das Feld der Liebe und das offene Herz fühlen. ☺

Wenn nun zwei verliebte Menschen im Raum sind, ist das Feld der Liebe höher, und wenn die beiden sich lieben und sich gegenseitig Liebe schicken oder Liebe zu sich fließen lassen, wird das Feld der Liebe um ein Vierfaches vergrößert und verstärkt. Also ein Mensch kann ein Feld von 1 kreieren, zwei verliebte Menschen ein Feld von 2. Zwei Menschen, die sich gegenseitig lieben, kreieren das Doppelte, also ein Feld von 4. Das ist genial. Und wenn jemand in dieses Feld 4 der Liebe eintritt, fühlt er sich wohl, geliebt, genährt, und auch Heilung und Klärung sind um einiges einfacher zu erreichen. Wir können uns sicher noch an das Gefühl der Kindheit erinnern. Da waren wir oft auch in das Liebesfeld unserer Eltern eingehüllt, sofern sie es verstanden, sich zu lieben. Und dieses Buch hilft dir, auch so ein Feld zu kreieren.

Andere Gründe sind unter anderem, um einen Boden und ein Feld der Liebe zu kreieren für Kinder. Und das geht am besten und einfachsten mit einem Vater und einer Mutter. Also wenn du eine Mutter bist, gib dir Mühe, dass die Beziehung zum Vater funktioniert, und suche dir Hilfe, Rat und Beratung, falls du nicht zufrieden bist. Dies gilt auch für Väter: Bemühe dich stets um die Mutter deiner Kinder, denn die Kinder wachsen in dieser Liebe auf.

Weiter bietet eine Beziehung ein super Wachstumspotenzial. Hier ist das seelische Wachsen gemeint, spirituell wachsen, als Mensch reifen. Denn ein Partner ist immer auch dein Lehrer, dein Meister und auch dein Schüler. Er ist auch dein Spiegel. Und was noch schöner ist: Er ist oft ein guter Freund, der einfach immer für dich da ist und sich um dich kümmert. Ist das nicht wunderbar?

Je glücklicher du in einer Beziehung bist, umso glücklicher willst du deinen Partner machen. Je glücklicher dein Partner ist, umso glücklicher will er dich machen. Also es lohnt sich echt, dieses Buch gut zu studieren und auch die Übungen und Beispiele umzusetzen. Es braucht vielleicht ein bisschen Disziplin, aber es lohnt sich total. ☺

Was du in diesem Buch auch findest, sind Übungen und Tipps, wie du noch mehr in dein Herz kommst und mit dem Herzen liebst. Und vor allem lernst du, wie du dein Herz in Sachen Liebe zurate ziehst. Denn wer weiß mehr über das Lieben als das Herz?

Dein Partner zeigt dir dein Liebespotenzial

Ist das nicht wunderschön? ☺ Er zeigt dir, wo du noch überall lieben kannst. Er zeigt dir, welcher Teil in dir noch zu wenig Liebe oder Achtung von dir kriegt. Und er zeigt dir dies, indem er etwas macht, wogegen du noch Widerstände hast oder was du ablehnst. Etwas, das du in dir noch nicht angenommen hast, was du noch nicht lieben kannst. Das klingt sehr schön, ist aber im ersten Moment total unangenehm, weil wir ja eben dann den Widerstand fühlen.

Ich erzähle dir dazu ein Beispiel, damit du es verstehen und im Alltag erkennen kannst. Das hilft dir, schneller zu verzeihen und wieder in Verbindung zu gehen, was deine Liebesquelle öffnet, um die Liebe wieder fließen lassen zu können. ☺ Dazu nehme ich jetzt ein krasses Beispiel. Eine Frau kam zu mir in die Beratung und erzählte mir, dass sie die Beziehung zu ihrem Mann verbessern wolle. Und zwar wäre gerade letzten Sonntag das Fass total zum Überlaufen gebracht worden, sie habe jetzt genug. Also bat ich sie, mir aufzuzählen, was passiert war und was sie denn so störe an ihrem Partner. Sie erzählte, dass er sie ziemlich gewaltsam am Arm gepackt und in die Küche gezerrt habe während eines Streites. Sie war nicht verletzt, stand jedoch ein bisschen unter Schock, da sie so etwas noch nie erlebt hatte. Danach erzählte sie mir, was sie sonst noch alles störte: seine Unordnung, seine Unpünktlichkeit, das Immer-gestresst-Sein, sein Mangeldenken, seine Faulheit, dass er immer fernsehen wolle und noch ein paar Dinge mehr. Ich sagte ihr: »Ja, super, danke. Das ist doch toll, dass du noch so viel Liebespotenzial hast.« ☺ Sie schaute mich mit großen Augen an: »Wie bitte?« Ich erklärte ihr dann, dass alles o.k. ist, wie es ist. Dass alles sein darf, wie es ist. Wir sind auf der Erde, und das Spezielle hier ist, dass es Wut, Hass, Angst, Verletzung, Dunkelheit usw. gibt – und das ist doch megatoll, dass wir das alles erfahren können. Wir wollen immer Liebe, Harmonie und Frieden erfahren, aber das haben wir ja zu Hause und im Himmel genug, hier auf der Erde gibt es noch andere tolle Dinge. Also nehmen wir das Erste, was sie aufzählte und was sie störte: »Wie stehst du zu Gewalt und gewaltsamem Verhalten?« Sie sagte: »Ja, das geht ja gar nicht, das darf nicht sein, das ist strafbar.« Ich sagte: »Aha, o.k., du verurteilst es und lehnst es ab, das ist o.k. Rein theoretisch und physikalisch gesehen ist Gewalt nur ein heftiges Aufeinanderprallen von zwei ziemlich grobstofflichen Elementen. Das Aufeinanderprallen kann sogar so starke Wellen auslösen, dass ein Ton, Knall oder Schmerz entsteht.« Wow! Sie war nur still und ich fühlte, wie es ihre inneren Überzeugungen durcheinanderwirbelte. »Ich sage dir damit nur, Gewalt ist einfach eine Erfahrung, die auch ganz toll sein kann. Wie wäre es, wenn du den Teil in dir, welcher auch gewalttätig ist und auch Gewalt ausüben möchte, einfach umarmst und annimmst. Vielleicht schließt du die Augen dazu und umarmst es in dir.« Sie hatte erst Widerstände und meinte, dass sie keine Gewalt in sich habe. Ich bat sie, sicherheitshalber doch mal nachzuschauen. Sie tat es und fand auch Gewalt in sich, welche darauf wartete, umarmt zu werden – und ein tiefer Frieden entstand im Raum.

Es gibt nichts Falsches auf der Welt, alles ist, wie es eben ist. Alles ist einfach eine Erfahrung. Was wehtut oder schmerzt, ist immer die Ablehnung und der Widerstand. Als sie die Augen wieder öffnete, schaute sie mich an und sagte: »Wow, jetzt fühle ich mich besser, ich dachte gar nicht, dass Gewalt annehmen und umarmen so schön sein kann.« Danach gingen wir all die Punkte, welche sie so störten und die sie an ihrem Partner ablehnte, durch, und sie umarmte alle in sich. Danach strahlte sie über das ganze Gesicht, sie war wieder offener für ihren Partner und freute sich, ihn zu sehen und ihm wieder näherzukommen. Ihr Partner hatte ihr nur gezeigt und gespiegelt, wo sie noch Potenzial hatte, noch mehr zu lieben, noch ganzer zu werden, noch zufriedener und glücklicher. ☺ Noch mehr sie selber zu werden.

Wenn wir Frieden wollen, müssen wir die Gewalt und den Krieg lieben und umarmen. Ich sagte ihr dann, dass sie nun das Gleiche machen kann mit ihrem inneren Teil, der unordentlich ist, der unpünktlich ist, der gerne fernsieht, der gestresst ist, mit ihrem Mangelgedanken, ihrer Faulheit. Es darf einfach alles so sein, wie es ist, und du darfst alles leben, annehmen, umarmen und einfach erfahren. ☺

Dein Partner hilft dir,
zu wachsen und noch mehr du selber zu sein.

Der Liebesgarten

Zu lieben ist, wie eine Pflanze zu pflegen. Du solltest es jeden Tag tun. So wie du jeden Tag nach deiner Pflanze schaust oder nach deinem Haustier oder nach deinen Kindern, solltest du dich auch jeden Tag um deinen Liebesgarten kümmern. So wie du dir auch jeden Tag die Zähne putzt, braucht auch der Liebesgarten jeden Tag Pflege. Ich erkläre dir hier, was so alles im Liebesgarten wächst und wie man die Pflanzen pflegen kann und soll, damit sie in Liebe sprießen und damit du dann Liebe ernten kannst. Oftmals sind wir uns dieser wertvollen Pflanzen und Früchte nicht bewusst, die in unserem Garten wachsen, oder wir geben ihnen zu wenig Wasser, Aufmerksamkeit, Pflege, Licht, Liebe usw.

Wenn du deinem Liebesgarten weniger Aufmerksamkeit und weniger Pflege gibst, wirkt sich das sogleich auf die Beziehung aus. Das heißt nicht, dass du nur Zeit mit deinem Partner verbringen sollst oder dass du nur lieben und pflegen sollst, sondern es geht darum, dein Mass zu finden. Dein individuelles Mass. Was jede einzelne Pflanze braucht und wie viel davon. Um einen Garten zu pflegen, braucht man Disziplin, da du dich regelmäßig und immer darum kümmern musst. Und so ist es auch bei einer Beziehung: Du brauchst Disziplin, um sie am Leben und strahlend zu erhalten.

Also im Garten der Liebe gibt es einen Gärtner, den Liebesgärtner. Er oder sie kennt alle Pflanzen und weiß genau, welche Pflanze was braucht und wie viel davon. Den Liebesgärtner nennen wir oft auch Herz. Im Garten der Liebe wachsen folgende nährende Pflanzen, welche deine Aufmerksamkeit brauchen:

- Ich-Blume,
- deine Gedanken,
- deine Emotionen,
- deine Bedürfnisse,
- deine Grenzen,
- dein Partner (seine Bedürfnisse & Grenzen).

Es gibt folgende Unkräuter, welche deine Aufmerksamkeit brauchen:

- Kopfzustand,
- Neins,
- Verurteilungen,
- nicht verzeihen können,
- Missverständnisse,
- Angst.

Das Unkraut ist nicht mal so lästig, wie es vielleicht scheint. Oftmals hilft es, eine gute Balance zu finden, und oft verbergen sich auch tolle Lektionen und Geschenke darunter. Im Gegensatz zum Unkraut in unseren Gärten ist das Unkraut im Liebesgarten ganz leicht auszurupfen. Es braucht nämlich nur unsere Aufmerksamkeit. Das Unkraut im Liebesgarten löst sich auf oder verschwindet, wenn wir es einfach anschauen, fühlen, annehmen, Liebe fließen lassen und offen sind für seine Botschaft. ☺

Die Liebesquelle

Bevor ich auf jede einzelne Pflanze eingehe, möchte ich noch etwas sehr Grundsätzliches, etwas sehr Wichtiges sagen zum Lieben. ☺ Es ist sozusagen ein Schlüssel, ein Geheimnis. Und es ist so einfach und simpel, dass wir es oft übersehen. Ich verrate es dir. ☺

Ich weiß nicht, ob du dich daran erinnerst, denn eigentlich weiß es jeder. Vielleicht bist du dir dessen auch einfach nicht mehr bewusst oder du hast durch all die Inkarnationen vergessen, dass du es wusstest. Aber in dir, in der Mitte deines Körpers, auf Herzhöhe haaast duuu eeiine Liebesquelle! Woooow! Eine Quelle, aus der Liebe sprudelt. Immer. Und du kannst diese Liebesquelle steuern. Diese Liebesquelle hat jeder Mensch in sich. Ist das nicht toll?!

Und du brauchst diese Liebesquelle, um all die Pflanzen in deinem Liebesgarten zu nähren und zu wässern. Nur die Liebesquelle weiß, welche Pflanze was braucht. Sie sagt dir, ob die Pflanze Wasser, Liebe, Licht, Luft, neue Erde oder sonst etwas braucht.

Jeder Fluss hat eine Quelle,
und jeder Mensch hat ein Herz.

Und das Geheimnis des Liebens ist ganz einfach. Es ist so simpel und doch nicht ganz leicht anzuwenden. Um zu lieben brauchst du nur eines: die Öffnung deiner Liebesquelle, die Öffnung deines Herzens. Und du musst mit dem Liebesgärtner reden. Liebesquelle, Liebesgärtner und Herz sind ein und dasselbe. Du brauchst nur deine Liebesquelle zu öffnen. Das ist das Wichtigste, du brauchst dir nur zu erlauben, deine Liebesquelle zu öffnen und sie fließen zu lassen. Und schon bist du den ganzen Tag erfüllt von Liebe.

Und wenn die Liebesquelle offen ist, beantwortet sie dir jede Frage und zeigt dir jeden Weg, wohin du auch möchtest. Sie zeigt dir, wie du deine Beziehungsblume wieder zum Sprießen bringen kannst und was sie dazu braucht.

Und wie du deine Liebesquelle wieder öffnen kannst, wie du sie wieder zum Sprudeln bringen kannst und was dir dabei hilft, sage ich dir in diesem Buch. ☺

Viel Freude damit!

Das Herz

Die Liebesquelle wird oft auch Herz genannt. Das Herz befindet sich in der Mitte des Körpers und weiß alles über dich. ☺ Wichtig ist, dass du den Unterschied erkennst zwischen dem, was das Herz und die Liebe aus dem Herzen sagt, und der Situation, wenn ein Schmerz, welcher im Herzen gespeichert ist, spricht. Der Schmerz spricht meistens nicht schön und will trennen und Distanz. Die Liebe will helfen, fühlt sich gut an und will verbinden.

Im Jahr 1991 hat der Wissenschaftler Dr. J. Andrew Armour bewiesen, dass das Herz auch ein Gehirn hat. Des Weiteren wurde entdeckt, dass, wenn das Herz in Harmonie ist, das Hormon Oxytocin produziert wird, welches bekannt ist als das Liebes- oder Bindungshormon. Dieses Hormon führt zu Erkenntnissen, mütterlichem Verhalten und kann zum Festigen einer dauerhaften Paarbeziehung beitragen.

Genau genommen ist es ganz einfach, in Harmonie zu sein, im Leben, mit sich selber und mit seinem Partner. Es gibt nämlich zwei Hauptzustände, in denen man sich befinden kann. Ich nenne diese zwei Hauptzustände die Herzensliebe und den Kopfzustand. Ich erkläre dir hier die Herzensliebe und dann später den Kopfzustand.

Die Herzensliebe

Wenn du in der Herzensliebe oder im Herzen bist, dann ist alles einfach, harmonisch, friedlich, schön, leicht, du bist glücklich, fühlst dich verliebt, hast eher ein Smile im Gesicht, fühlst dich einfach wohl, wo du gerade bist, du bist im Vertrauen.

Man kann diesen Zustand auch »in seiner Mitte sein« nennen, man ist dann mit seiner Seele verbunden, man selber, glücklich, im Moment, im Hier und Jetzt, entspannt, genießend. Es ist alles mehr oder weniger das Gleiche. Du bist eins mit dir, fühlst Frieden in dir, bist zufrieden mit dem, was du hast, und bist einfach.

Viele Menschen erfahren diesen Zustand während der Meditation, in den Ferien, bei einem romantischen Spaziergang im Wald oder am Meer, auf einer schönen Feier, am Geburtstag, mit Kindern, beim Spielen, bei einem speziellen Anlass wie Hochzeit, Geburt oder wenn sie junge Tierbabys sehen oder Rosen oder ein schnelles Auto – oder wenn sie frisch verliebt sind usw.

In diesem Zustand hast du kaum bis keine lästigen Gedanken, du fühlst auch keine Angst oder Wut. Du fühlst Liebe, Frieden, Harmonie, … ☺ Jeder Mensch war einmal in diesem

Herzensliebezustand oder ist immer mal wieder in diesem Zustand. In dem Zustand, in dem deine Liebesquelle offen ist. Als Kind sind wir meistens in diesem Zustand, manchmal auch während des Essens oder vor dem Einschlafen. Wir denken nicht an morgen, wir denken nicht an das, was uns alles passieren könnte, wir denken nicht daran, ob wir genug Geld haben oder Essen oder ob wir Job oder Partner verlieren könnten. Wir sind ganz im Jetzt, ganz im Hier und Jetzt, im Frieden und Vertrauen, dass gerade alles richtig ist. Dieser Zustand ist sehr schön. ☺

Wie du in dein Herz kommst und wie du mit ihm kommunizieren kannst, erkläre ich in meinem zweiten Buch *Für dich & dein Herz*.

Die Pflanzen im Liebesgarten

Da du jetzt die Liebesquelle kennst, den Liebesgärtner und das Herz, was ja alles das Gleiche ist, stelle ich dir nun die Pflanzen und Blumen des Liebesgartens vor. Sie sind die Pflanzen, welche Früchte tragen, welche dazu beitragen, dass du dich noch wohler fühlst, und welche dich noch näher zu deinem Partner oder zu deinen Mitmenschen bringen. Es sind die Blumen, welche ihren Liebesduft verbreiten und dein Herz zum Strahlen bringen.

Ich-Blume (Annehmen)

Die Ich-Blume ist die wichtigste Blume im ganzen Liebesgarten. Denn es ist die Lieblingsblume des Liebesgärtners. Wenn es ihr nicht gut geht, dann geht es dem Liebesgärtner auch nicht gut und er kann sich nicht gut um den ganzen Liebesgarten kümmern. Deshalb ist die Blume sehr wichtig – für den Liebesgarten und auch für Beziehungen, denn ohne sie geht gar nichts. Wenn die Ich-Blume nicht blüht, wird auch keine Beziehung richtig glücklich und blühen.

Die Ich-Blume ist gar nicht so einfach zu pflegen, da wir es nie lernen oder nur so peu à peu. Die Ich-Blume wird oft auch als Selbstliebe bezeichnet oder als das »Um-sich-selber-Kümmern«. Was aber einfacher gesagt ist als getan. Wie du es tun kannst oder wie es dir einfacher fällt, werde ich dir nun verraten. ☺

Es geht nämlich darum, deine Liebe, welche dir zusteht, zu dir fließen zu lassen. Wenn du dich geliebt und angenommen fühlst, dann fällt es dir auch viel leichter, deinen Partner oder deine Mitmenschen zu lieben, und du kannst ihnen Raum geben, wenn sie dich gerade nicht lieben können. Dann musst du keinen Streit kreieren, weil dein Partner gerade nicht fähig ist, dich zu lieben. Wenn du dich selber liebst und annimmst, bist du auch viel freier und unabhängiger. Denn das meiste, was wir tun, vor allem Dinge, welche uns nicht guttun (rauchen, die Karriereleiter erklimmen, Alkohol, Arbeitssucht, Handy- oder PC-Sucht und sonstige Dinge), tun wir, weil wir Anerkennung kriegen wollen, weil wir geliebt werden wollen. Wenn du fühlst, dass du tief geliebt bist, und fühlst, dass du richtig bist, genau so, wie du bist, brauchst du diese Dinge nicht mehr zu tun und kannst einfach dein Leben und dein Sein in vollen Zügen genießen. ☺

Also, wie geht das denn nun? Wir denken oft, dass sich selber lieben, sich um uns selber zu kümmern, etwas Aktives wäre. Dass wir etwas tun müssten, und dann wissen wir oft nicht, wie wir das tun können. Also es gibt verschiedene Dinge, welche du echt aktiv tun kannst, um dich selber mehr zu lieben und zu ehren. Zum Beispiel kannst du dir schöne Dinge kaufen, dich um deinen Körper kümmern und ihm geben, was er braucht (Nahrung, Pflege, Liebe, Streicheleinheiten, Bewegung usw.). Ein weiterer Teil ist, dir deine Bedürfnisse zu erfüllen, das ist sozusagen eine Unterpflanze der Ich-Blume, die Bedürfnis-Blume, die stelle ich dir im nächsten Kapitel vor. Aber was wirklich hilft, um dich geliebt zu fühlen, das fängt im Kopf an. ☺

Denn es ist ja so: Wir sind unendlich tief geliebt. Du bist unendlich tief geliebt – vom Universum, von Gott, von deinen Schutzengeln und von allen Herzen, von jedem Menschen! Das ist so. Nur oft nehmen wir es nicht so wahr oder glauben es nicht. Das ist so, weil wir irgendwo in unserem Bewusstsein oder Verstand andere Glaubensmuster abgespeichert haben. Und diese Glaubensmuster zeige ich dir nun, damit du sie in Liebe auflösen kannst. ☺ Die Glaubensmuster entstehen oft in der Kindheit, und wenn ein Glaubensmuster zehn Mal bestätigt wird, denken wir, dass es wahr ist. Dann fängt es an, sich in unserem Leben zu materialisieren.

Du brauchst dir also nur immer wieder klarzumachen, dass diese Glaubensmuster nur eine Option sind, du kannst sie verändern. Und du musst dir immer wieder klarmachen, dass du geliebt bist. ☺ So einfach. ☺ Hihi.

Ich schreibe dir nun die häufigsten Glaubensmuster auf, damit du sie erkennen und durchleuchten kannst, und dann entscheidest du dich, ob sie dir länger dienen dürfen oder nicht. Wenn du die Glaubensmuster auflöst, kann die

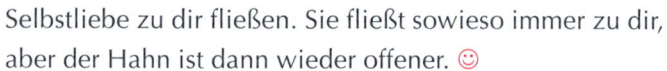

Selbstliebe zu dir fließen. Sie fließt sowieso immer zu dir, aber der Hahn ist dann wieder offener. ☺

Den Liebesfluss blockierende Glaubensmuster:

    Ich bin nicht gut genug.

    Ich bin es nicht wert, ich habe es nicht verdient.

    Ich habe es falsch gemacht.

    Ich kann es nicht.

    Ich muss mich verändern, ich muss anders sein.

    Ich bin falsch.

    Ich bin nicht geliebt, keiner mag mich.

Ich habe diese Muster »ent-deckt«, als ich ganz fest davon überzeugt war, dass ich falsch gehandelt hatte und mich daraufhin verurteilt hatte. Und was passiert dann? Du verschließt dich einfach dir gegenüber, du verschließt deinen Liebeskanal und die Liebe fließt nicht mehr zu dir. Du bestrafst dich selber, und dann kannst du auch nicht gut andere lieben. Und du fängst an, an ihnen rumzunörgeln und willst von ihnen umso mehr Aufmerksamkeit, Liebe, Sexualität oder was auch immer. Aber es fängt bei dir an. Bist du im Frieden mit dir? So wie du bist? Mit dem, was du getan hast? Mit dem, was du lebst und tust? Sei einfach ehrlich zu dir. ☺

Sich selber verurteilen

Etwas, was die Ich-Blume zum Welken bringt und das Herz verschließt, ist, wenn man sich selber »ver-ur-teilt«. Du bist richtig, so wie du bist. Immer. Und du brauchst dich nicht zu »be-werten«!

Es passieren manchmal Dinge oder man kommt in Situationen, in denen wir denken: »Oh, das habe ich falsch gemacht.« »Das hätte ich besser machen sollen.« »Das hätte anders sein sollen.« Nein. Es ist immer alles in göttlicher Ordnung. Die Frage sollte sein: »Was habe ich daraus gelernt?« Oder: »Warum habe ich mir das erschaffen?«

Übung

Das Schöne bei diesen Mustern ist, dass du sie dir nur anschauen musst, du musst sie nur fühlen und dann kannst du sie auflösen. Das geht ganz einfach.

Gehe in Meditation, das heißt, setze dich bequem hin, schließe deine Augen, atme tief ein und entspanne dich. Bitte Erzengel Chamuel zu dir und bitte ihn, dass er dir hilft, deinen Selbstliebekanal zu öffnen und freizumachen.

Dann bitte darum, dass dir die Glaubensmuster gezeigt werden, welche deinen Liebesfluss behindern. Frage, wie viele du hast …

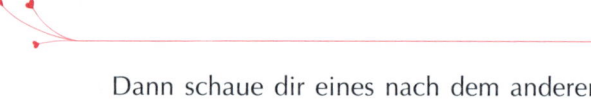

Dann schaue dir eines nach dem anderen an. Es kann sein, dass es die sind, welche ich oben beschrieben habe, oder andere. Frage bei jedem Glaubenssatz, wieso er stimmen sollte, was die Begründung dazu ist …

_____

Dann bitte darum zu sehen/zu fühlen, was die Wahrheit ist, was wirklich stimmt …

_____

Dann mache das Gleiche mit jedem Glaubensmuster, bis sie sich alle auflösen. Ich würde diese Übung immer mal wieder machen.

Sich selber lieben

Um deinen Partner lieben zu können und um eine tolle, glückliche Beziehung zu haben, hilft es ungemein, wenn du dich selber liebst. Und um auch ein Feld der Liebe um dich herum zu kreieren und um in die Herzensliebe zu kommen.

Diesen Satz hören wir oft: »Du musst dich eben selber lieben.« Und ja, er ist wahr, bis auf »muss«. Du musst nicht, aber du darfst – und es ist wunderschön. Aber was heißt es eigentlich

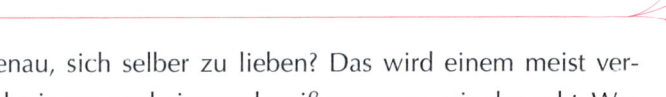

genau, sich selber zu lieben? Das wird einem meist verschwiegen, und niemand weiß so genau, wie das geht. Was heißt es wirklich, sich selber zu lieben – und wie geht das?

Ich möchte dir gerne erklären, wie die Liebe es mir beigebracht und gezeigt hat. Und zwar sind es verschiedene Dinge, die miteinander spielen. Ich erkläre sie dir jetzt. ☺

Annehmen

Einmal ist es einfach ein Annehmen von sich selber. Ein Sich-selber-Erkennen und -Umarmen. Dann denken wir oft: »Ja, ja, das kann ich schon, ich kann mich umarmen und ich nehme mich auch an. Ja schön.« Aber es geht tiefer. Es geht darum, alles – ALLES – an dir anzunehmen, vor allem all das, was du an dir ablehnst, verurteilst und wegdrückst. Da du eine Sache, zum Beispiel innere Wut, an dir eben ablehnst und wegdrückst, ist sie dir gar nicht bewusst. Deswegen sagen dann die meisten Menschen: »Ah, das habe ich nicht.« Gerade weil du es nicht magst, hast du es gut versteckt, weil du dich dafür schämst. Weil du denkst, es sei schmutzig oder falsch, hast du es einfach unter den Teppich gekehrt oder hinter der Uhr versteckt. Solche Dinge machen wir alle … Hihi. ☺

Also ich möchte dir erklären, wie es überhaupt entsteht oder entstanden ist, dass wir gewisse Dinge an uns oder in uns ablehnen und verstecken. Einfach damit du und dein Verstand erkennen, dass du es nicht verstecken musst.

Das Spiel geht so: Die Erwachsenen, welche ja schon länger auf der Erde sind (ob sie wirklich »er-wachsen« sind, ist eine andere Frage), tragen viele Masken. Sie lehnen auch Dinge in sich ab, verstecken Dinge, haben Werte, was gut und was schlecht ist, und heben ihre positive Seite hervor, was natürlich auch gut ist. So, dann haben zwei Erwachsene ein Baby … Wie schön! ☺ Und als Baby hast du kein Verständnis dafür, was falsch oder richtig, was schön oder hässlich, was gut oder böse ist. Du bist einfach. Alles ist neu und alles ist spannend, meistens ist es auch überfordernd. Und dann wird dir nach und nach von deinen Eltern, von zwei Erwachsenen, beigebracht, was eben gut ist, wie du die Masken tragen sollst, was eben nicht gut ist, was du verstecken oder unterdrücken sollst. Und du lernst, dass du alles, was nicht gut ist, einfach verstecken sollst. Unsere Erziehung ist meist so aufgebaut, dass wir Dinge, die wir nicht toll finden, einfach unterdrücken, oder die Eltern versuchen, es den Kindern »abzuerziehen«.

Ein Beispiel: Eine Mutter hat als Kind von ihrer Mutter gelernt, dass es sich nicht gehört, als Mädchen wütend zu sein, dass es unhöflich ist. Also hat sie jedes Mal, wenn die Emotion Wut aufkam, um ihr zu signalisieren, dass sie gerade etwas denkt oder erfährt, was sie aus ihrer Mitte bringt, sie einfach unterdrückt, anstatt die Botschaft dahinter abzuhören. Da kann man ihr keinen Vorwurf machen, schließlich hat sie es so von ihrer Mutter gelernt – und die wiederum von ihrer Mutter. Also hat diese Mutter nun eine Tochter, und jedes Mal, wenn die Tochter Wut spürt oder wütend schreit, versucht die Mutter alles, um diese Wut zu stoppen. Sie versucht, die Tochter abzulenken, geht weg oder entzieht ihr ihre Liebe. Irgendetwas damit die Tochter schließlich denkt: »Oha, wenn ich wütend bin, mag mich meine Mutter nicht.« Oder: »Wut ist etwas Schlechtes, das verstecke ich lieber unter dem Teppich.« So fängt die Tochter an, die natürliche Wut, die sie fühlt, welche ihr ja nur eine Botschaft bringen will, abzulehnen. Und irgendwann lehnt sie sich selber ab, wenn sie wütend ist oder Wut empfindet.

Als Baby oder als Kind bist du aber einfach am Lernen, am Probieren und am Erfahren. Und – das ist sehr wichtig – das bist du IMMER. Dein ganzes Leben lang bist du am Lernen, am Probieren, am Erfahren. Das hat nie aufgehört, und das wird nie aufhören. Wir denken (denken tun wir mit dem Gehirn, welches 60-mal langsamer schwingt als das Herz und dafür gemacht ist, um Dinge auszuführen), dass wir irgendwann erwachsen sind, alles können müssen, stark sein sollten und eben groß sind und eben einfach alles wissen. Wir verbieten uns, zu lernen, zu wachsen, auszuprobieren, hinzufallen, »Fehler« zu machen. Und genau da kommt die Ablehnung her. Wenn wir die Natur, einen natürlichen Prozess nicht verstehen und ablehnen.

Das Lernen ist das Natürlichste, das wir haben. Es ist das Schönste und Tollste, das es gibt. Ich möchte dir erklären, was es heißt, zu lernen, zu erfahren, zu wachsen, auszuprobieren. Wenn eine Seele entscheidet, auf die Erde zu kommen, wählt sie sich Erfahrungen aus, Lernprozesse, welche sie auf der Erde erleben will. Wooow, das ist total toll und spannend. Was wir hier alles ausprobieren und lernen können! Damit du eine Eigenschaft oder Fähigkeit als Seele, als Wesen lernst, musst du alle, wirklich ALLE, Facetten dieser Eigenschaft kennen. Ist ja klar, wenn du Deutsch lernen willst, musst du auch alle Wörter kennen.

Gut, was heißt es nun, alle Facetten zu kennen? Das heißt: Wenn du dir als Seele zum Beispiel ausgesucht hast zu lieben, dann musst du alle Facetten, alle Gebiete und Teilgebiete, die dazugehören, anschauen, durchgehen, erleben, leben, durchleben, durchleuchten, verstehen. Dazu gehören angenehme Erfahrungen wie auch unangenehme Erfahrungen. Da urteilt eine Seele einfach nicht. Es gibt keine guten oder schlechten Erfahrungen. Du kannst auch eine Erfahrung nicht falsch machen … Hahaha. ☺ Du kannst sie entweder machen oder nicht. Aber wenn du sie machst, machst du sie einfach. Punkt.

Also zum Beispiel willst du als Seele lernen zu lieben. Dazu brauchst du vielleicht ein Leben, in dem du das ganze Leben geliebt wirst von allen – und du siehst, wie schön es ist. Du kriegst jedoch die Liebe von außen, das Leben ist wunderschön und alles ist supertoll. Gut, dann kommt ein Leben, in dem du keine Liebe kriegst. Von niemandem. Du kriegst immer nur Ablehnung, alle hassen dich und stoßen dich von sich. Das Leben ist schrecklich und grauenhaft, und du liebst sich selber nicht und bringst dich vielleicht sogar um. Das Leben ist total schrecklich nach unserem Maßstab, aber es gehört eben dazu, damit wir alle Seiten eines Diamanten kennenlernen und wissen, wie wir damit umgehen sollen. Danach kriegst du ein Leben, in dem du beides hast: Du hast Menschen, welche dich lieben, und Menschen, welche dich hassen. Und die Seele fängt langsam an zu verstehen, weshalb jemand liebt und weshalb jemand hasst und was es mit dir selber zu tun hat usw. Danach kommt ein Leben, in dem die Seele alleine im Wald lebt, nur mit Tieren. Da lernt sie wieder eine andere Liebe kennen und spürt plötzlich, dass sie in sich selber Liebe hat, da ja kein Mensch da ist, der sie lieben oder hassen kann. Und sie spürt die Liebe der Tiere und der Bäume. Dann kriegt sie ein Leben, in dem sie im Wald lebt, aber in das Dorf muss, um unter den Menschen zu arbeiten. Sie ist gefordert, im Wald ihre Liebe zu fühlen und dann im Dorf die Liebe und Ablehnung der Menschen zu verstehen … Bis die Seele verstanden hat: »Aaahhhh, so geht's!« Und bis sie es einfach macht, egal wo, mit wem, was oder wie. So ungefähr kann eine Erfahrungsreise einer Seele aussehen, ein Lernprozess. Und sie kann dabei nichts falsch machen. Sie macht einfach eine Erfahrung nach der anderen, bis sie es versteht und es selber anwenden kann.

Gut, und was hat das jetzt mit dir und dem Annehmen zu tun? Ich sag's dir gleich. ☺ Willst du vorher noch aufs Klo gehen oder tief Luft holen?

Da, wo wir uns selber nicht lieben, ist der Punkt, wo wir uns ablehnen – das ist da, wo wir eine falsche Vorstellung haben davon »wie es sein soll« oder »wie ich sein soll«. Du erlebst etwas, zum Beispiel eine Trennung in einer Beziehung. Du denkst mit dem Kopf und nach gängigen Maßstäben: »Das hätte nicht sein dürfen.« Oder: »Das war falsch.« Oder: »Ich habe etwas falsch gemacht.« Du denkst es, verurteilst die Situation (weil es gerade zu viel ist oder zu emotional oder was auch immer). Du lehnst die Situation ab, du lehnst dich selber ab, du fängst an, Schuldgefühle aufzubauen und vor allem liebst du dich nicht dafür, weil es ja schließlich falsch war und nicht so sein sollte. Stattdessen kannst du dich einfach selber in den Arm nehmen und einfach sagen: »Aha, diese Situation überfordert mich, ich bin gerade unsicher, was ich daraus lernen soll.« Oder: »Aha, ich lerne gerade etwas Neues.« Oder: »Wow, das hat eine unerwartete Richtung genommen … Was kann ich daraus lernen?«

Es gibt nichts im Leben, was nicht sein soll. Es gibt nichts an dir, was nicht so sein soll. Alles, was in deinem Leben passiert, soll so sein. Wenn du in eine schwierige Situation kommst – und die meisten Menschen haben mehrere solcher Situationen im Leben erlebt –, in der du von dir selber, dem Leben, den Mitmenschen, der Situation »ent-täuscht« bist, wo es anders kommt, als du denkst (denken mit dem Verstand, der eine Art Computer ist, gemacht, um Dinge zu regeln und auszuführen – der aber nichts von Liebe versteht), dann verzeihe dir. Schaue dir die Situation an, und stelle dir folgende Fragen: Was lerne ich daraus? Was will mir die Situation zeigen? Wieso habe ich als Seele diese Situation gewählt? Denn meistens sind genau diese Situationen, welche so unangenehm, schmerzvoll und lästig sind, sehr wichtige Lektionen. Und du bist nur am Lernen. Du bist einfach am Ausprobieren und Erfahren. Erlaube dir zu lernen. Erlaube dir, ein Kind zu sein, das eben ab und an hinfällt, um laufen zu lernen. Wir sind alle am Lernen. ALLE. Es gibt keinen einzigen Menschen auf der Erde, der nicht lernt. Weil es unsere Natur ist zu lernen, es macht auch total Spaß. ☺

Verzeihe dir, dass du dich selber beschuldigst. Verzeihe dir deine Erwartungen und Forderungen wie »Es muss doch so sein.« Oder: »Ich muss doch so sein.« Nein, musst du gar nicht.

Das heißt, sich selber annehmen. Dich in jeder Situation anzunehmen und zu lieben. Auch wenn dein Verstand gerade behauptet, dass es total falsch und daneben ist. Versuche, dein Leben zu verstehen, weshalb etwas passiert und was du daraus lernen willst. Und vergib dir und allen Beteiligten. Wenn du es dir wirklich anschaust und in dir heilst, dann wirst du danach selbst für die schrecklichste Situation in deinem Leben total dankbar sein. Einfach weil du erkannt hast, dass du sie gebraucht hast, um zu lernen. Du wolltest sie erleben. Du wolltest sie erfahren. Und die Diamanten, welche davon ausgehen, sind wunderwunderschön. Die schönsten Diamanten entstehen übrigens unter großem Druck. ☺

Also: Annehmen heißt einfach, ja zu sagen zu dem, was ist. Zu sehen, dass es richtig ist so, wie es ist. Und ja zu sagen zu dir, so wie du bist. Zu sehen, dass du nicht schuld bist und nix falsch gemacht hast, dass alles gut ist, wie es ist, und dass du einfach eine Erfahrung machst, dass du lernst. Dann kannst du dich öffnen für dich selber, dir selber verzeihen … dich selber annehmen … atmen … Uuuuunnnnnnddddddd? Ja, genau: DICH selber lieben. Dich selber lieben, ehren, achten, umarmen und annehmen. Dich vor dir verneigen, dass du dir so eine Situation erschaffen hast – aus Liebe zu dir, damit du so tolle Dinge lernen und meistern kannst. ☺

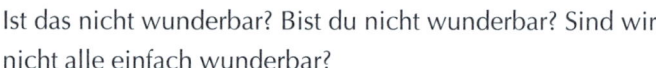

Ist das nicht wunderbar? Bist du nicht wunderbar? Sind wir nicht alle einfach wunderbar?

Auch in einer Beziehung und mit einem Partner bist du immer am Lernen. Eine Beziehung ist ein tolles, großes Lernfeld. Wenn ich mit meinem Partner in eine Situation komme, in der wir nicht weiterwissen oder in der wir uns beide fragen, wie wir uns wieder näher und in Frieden kommen können, sagen wir uns einfach beide: »Wir sind einfach am Lernen, o.k. Wir erlauben uns einfach, zu lernen, uns kennenzulernen.« Und schon können wir aufeinander zugehen – ohne Schuldzuweisungen wie: »Du hast das gemacht, du hast das falsch gemacht.« Sondern wir sagen nur: »O.k., ich mag das nicht, wir lernen draus.«

Dich selber lieben heißt auch, dir das zu geben, was du brauchst. Dir deine Bedürfnisse zu erlauben und dich darum zu kümmern, dass sie erfüllt werden. Wie das genau geht, erzähle ich dir im nächsten Kapitel.

Deine Bedürfnisse

Jetzt kommen wir zu einer wichtigen Pflanze des Liebesgartens. Und das sind die Bedürfnis-Blumen. Sie brauchen regelmäßige Pflege, und wenn sie nicht gut gepflegt werden, gibt es meist Ungeziefer wie Streit oder Distanz.

Bevor ich auf die Bedürfnisse eingehe, möchte ich dir erzählen, was passieren kann oder wie sich das auswirkt, wenn du dir deine Bedürfnisse nicht erfüllst.

Was passiert, wenn du dir deine Bedürfnisse nicht erfüllst?

Was passiert, wenn Bedürfnisse nicht erfüllt oder Grenzen nicht eingehalten werden? Was, wenn du dir deine Bedürfnisse nicht erfüllst oder die deines Partners? Was, wenn du nicht deinem Herzen folgst? Es ist wichtig, dies zu wissen, damit du erkennst, wenn du nicht deinem Herzen folgst, damit du es durchschauen kannst.

Also, wenn ein Bedürfnis nicht erfüllt ist, du dich nicht für es einsetzt oder deinem Partner nicht das gibst, was er braucht, gibt es meist zwei Reaktionen. Die eine Reaktion ist Rückzug und die andere ist Angriff. Ich erkläre dir nun beide ein bisschen genauer.

Rückzug

Rückzug bedeutet, dass du aufgibst, was du eigentlich wolltest. Du gibst deinen Wunsch, dein Bedürfnis oder das, was dein Herz wollte, auf. Du kämpfst nicht dafür, oder es scheint hoffnungslos zu sein, dass es klappt. Du siehst keinen Weg

und keine Lösung. Im Rückzugsmodus bist du, wenn du dich auf einmal freudloser fühlst, wenn dein Gesicht fahl wird, deine Mundwinkel wie starr sind oder nach unten fallen, es kann auch ein Schmollen sein, ich nenne es oft das »Müh«-Gefühl, es ist so ein »Ach nö«. In diesem Moment oder Gefühl wirst du auch innerlich kalt oder leblos und schwer. Es kann sein, dass du auf der Brust einen Druck spürst oder dass dir schwer wird auf dem Herzen.

Was in dem Moment passiert, ist, dass du dich und deinen Wunsch/dein Bedürfnis/deine Grenze zurücknimmst, weil du denkst, dass du keine Chance hast, ihn/es/sie erfüllt zu bekommen. Und durch das Zurücknehmen nimmst du deine Seelenenergie zurück, du verschließt dein Herz oder gibst auf. Du wirst dann passiv, willst nicht groß etwas unternehmen, bist dann oft auch schneller müde oder schneller erschöpft. Es ist wie eine innere Trauer oder Gleichgültigkeit, welche sich einschleicht, so langsam.

Wenn beide Partner im Rückzugszustand sind, entsteht oft große Distanz zwischen ihnen, sie tun beide etwas für sich alleine, aber mehr, als eigentlich nötig wäre. Sie beschäftigen sich schon fast absichtlich oder suchen etwas, was sie ohne den Partner tun können. Es ist schon fast wie ein Bestrafen mit Abwesenheit. »Wenn du mir nicht gibst, was ich brauche, bin ich weg, habe ich auch keine Zeit für dich.« Es gibt Paare, die jahrelang in dieser Kälte, Distanz verharren und sich organisiert und geplant aus dem Weg gehen. Wir sagen dazu dann oft: »Wir haben uns auseinandergelebt.« Aber in Wirklichkeit heißt es, dass beide im Rückzugsmodus sind und sich mehr um die Distanz, den Schmerz kümmern und darum, die Barriere aufrechtzuerhalten, anstatt sich um Nähe, Verbindung, Vergebung und die Beziehung zu kümmern. Die Herzen der beiden leiden darunter ganz enorm. Denn das Herz will immer lieben, und das Herz liebt Nähe im richtigen Maße. Manchmal verzeihen sich die Partner absichtlich nicht gegenseitig, um die Distanz aufrechtzuerhalten und den anderen zu bestrafen – oder weil sie Angst haben, wieder verletzt zu werden. Wobei man so nur das eigene und das Herz des Partners bestraft und ihnen somit verbietet zu lieben.

Es gibt Menschen, die leben ein ganzes Leben lang in diesem Gefühl. Und für die ist es schwer, Freude zu empfinden, Leichtigkeit zu fühlen oder einfach zu leben. In diesem Zustand lässt du dann auch andere über dich bestimmen, du gibst sozusagen deine Macht ab in diesem Moment. Wenn du einen starken Partner hast, übernimmt er dann die Macht und macht eben, was ihm gefällt. Es ist ein Gefühl der Hilflosig- und Machtlosigkeit.

Wie kommst du da wieder raus? Was tun, wenn ihr euch auseinandergelebt habt? Du musst alle deine Bedürfnisse ergründen und die deines Partners (siehe Kapitel »Bedürfnisse«). Und dann musst du die Übung zu den Neins machen und verzeihen, damit du diese Distanz aufgeben kannst und dich um deine Bedürfnisse und um die Bedürfnisse in der Partnerschaft kümmern kannst. Wenn dein Partner dir eines deiner Bedürfnisse oder einen deiner Wünsche nicht erfüllt, deutet das darauf hin, dass du ihm auch einen seiner Wünsche nicht erfüllst.

Angriff

Der Angriffszustand ist das Gegenteil vom Rückzugszustand. Anstatt dass du deinen Wunsch oder dein Bedürfnis aufgibst, bedienst du dich des Hilfsmittels Wut, Rache oder Verletzung. Es kann sein, dass du auf der Stelle wütend wirst, streitsüchtig wirst, anfängst, deinen Partner zu nerven, auf seine wunden Punkte zu drücken, ein saures Gesicht zu ziehen und innerlich sagt man sich dann meistens: »Na warte, das kommt zurück.« Es ist auch eine Trotzreaktion, aber eine aktive. Man gibt in diesem Moment sein Bedürfnis oder seinen Wunsch nicht auf, sondern versucht, ihn noch mehr durchzusetzen, oder man verschiebt ihn auf später und dann wird er auch oft zu einer Strafe für den Partner. Man versucht, sein Bedürfnis mit Gewalt und nicht mit Liebe durchzusetzen. Frauen gehen oft in den Rückzugszustand und Männer eher in den Angriffszustand, es kann aber genauso gut auch umgekehrt sein.

Ein Beispiel: Es ist Sonntag, Simone und Hans sitzen gemütlich beim Frühstück. Es scheint, als ob alles in Ordnung wäre. Es regnet draußen, und es ist richtig gemütlich. Simone schlägt vor, dass sie doch zusammen einen Film schauen könnten. Hans möchte eigentlich lieber Liebe machen, aber er denkt sich: ›Danach können wir es machen.‹ Und er entscheidet sich für den Angriffszustand. Das heißt, er hat gerade ein anderes Bedürfnis, er will Liebe machen, er verschiebt es aber, da er denkt, Simone wolle jetzt nicht. Er hat Angst vor Ablehnung. Simone will eigentlich rausgehen, an den See gehen, aber da es regnet und da sie weiß, dass Hans lieber zu Hause bleibt, schlägt sie vor, einen Film zu schauen. Simone will *Shrek* schauen. Da greift Hans an und sagt: »Nein, ich will *Tarzan* sehen.« Also er denkt: ›Wenn wir schon keine Liebe machen, dann will ich wenigstens *Tarzan* schauen, der mir gefällt.‹ Simone geht auch in den Angriffszustand und sagt: »O.k., wir schauen zuerst *Tarzan*, und danach schauen wir *Shrek*.« Also verschiebt sie ihr Bedürfnis wieder und greift dann später an. So weit, so gut. Sie schauen *Tarzan* und amüsieren sich. Nach dem Film haben beide Hunger und essen etwas. Nach dem Essen, Hans ist immer noch im Angriffszustand, sagt er, dass er jetzt gerne Liebe machen würde. Simone fühlt sich angegriffen und sagt, dass sie jetzt aber *Shrek* schauen möchte, und die beiden diskutieren, oberflächlich nur über den Film. Simone wird es zu blöd, sie hat nämlich gar keine Lust darauf, Liebe zu machen, wenn ihre Bedürfnisse nicht erfüllt sind. Und ihre Bedürfnisse wurden seit längerem nicht erfüllt. Erst am Samstagabend wollte sie mit Freunden Billard spielen, doch Hans war zu müde, und jetzt will er auch nicht einmal mehr *Shrek* schauen, obwohl er das vorher gesagt hat. Simone hat genug und sagt: »Ich gehe jetzt raus, ich will mich bewegen.« Und Hans merkt, dass es Simone jetzt echt ernst meint, und er weiß, wenn er jetzt heute noch Liebe machen will, dann muss er schnell das Billardspielen mit den Freunden nachholen. Also ruft er die Freunde an. Sie treffen sich alle zum Billardspielen. Beide, Simone und Hans, sind total im Angriffszustand und necken sich die ganze Zeit und sagen und machen Dinge, von denen sie genau wissen, dass sie der andere nicht mag. Weil beide eigentlich etwas anderes

machen wollen. Während des Billardspiels kommt es zum Streit, Simone hat genug, verlässt das Lokal und geht in den Rückzugszustand. Sie hat es satt, sich die Sticheleien und Verbesserungsvorschläge von Hans anzuhören. Sie hatte ihm schon gesagt, dass er aufhören soll, ihr zu sagen, wie oder welchen Ball sie treffen soll, und sie hat keine Lust mehr, ihm alles zehn Mal sagen zu müssen. Hans läuft ihr nach und fragt, was denn los sei. Da Simone nicht im Angriffszustand ist, sondern im Rückzugszustand, setzt sie sich nicht dafür ein, was sie will, sondern beklagt sich nur bei Hans und zählt auf, was ihr alles nicht gefällt. Dies wiederum lässt Hans auch in den Rückzugszustand gehen, und er denkt, dass sie heute wohl keine Liebe mehr machen werden. Er gibt somit sein Bedürfnis auch auf. Hans geht alleine nach Hause, und Simone geht spazieren. Nun hat Hans seine Ruhe und kann sich ausruhen, was er von Anfang an wollte, und Simone kann in die Natur gehen, was sie von Anfang an wollte. Nur: Beide sind traurig, beide sind im Rückzugszustand, fühlen sich einsam, fühlen sich schwer und es tut ihnen leid, dass sie so gestritten haben.

Wie können die beiden das besser machen? Erst einmal muss man noch wissen: Da Hans unter der Woche viel unterwegs ist, als Tierpfleger draußen arbeitet und von Garten zu Garten reist, ist er eher müde und erschöpft und hat das Bedürfnis nach einem ruhigen Tag zu Hause mit seiner geliebten Frau. Simone arbeitet im Sekretariat und sitzt die ganze Woche im Büro, daher will sie am Wochenende etwas unternehmen, in die Natur gehen und sich bewegen.

So, jetzt schauen wir die Bedürfnisse an von Hans und Simone an diesem Sonntag. Simone will eigentlich an den See mit Hans, sie verbietet sich das Bedürfnis, weil es regnet und weil sie denkt, dass Hans sowieso keine Lust hat. Somit schlägt sie den Film vor. Hans hat das Bedürfnis, sich auszuruhen, sich zu entspannen, vor allem will er Liebe machen und auch mit seinen Kumpels rumhängen. Also das Filmschauen ist eigentlich von keinem ein Bedürfnis, aber weil es eben regnet ganz o.k. Am besten hätte Simone einfach gesagt: »Ich möchte jetzt gerne an den See gehen, egal, ob es regnet oder nicht.« Denn wenn das Bedürfnis einer Frau – das wahre Bedürfnis – erfüllt ist, ist sie erstens eher bereit, auch die Bedürfnisse des Mannes zu erfüllen, und zweitens ist sie offener und hat somit mehr Lust, Liebe zu machen. ☺ Also am besten immer erst das Bedürfnis der Frau erfüllen und dann das des Mannes. Hans hat gedacht: »O.k., ihr Bedürfnis ist es, einen Film anzuschauen. Ich mache es mit ihr, danach kriege ich mein Liebemachen.« Als Simone danach dann keine Liebe machen wollte, fühlte sich Hans betrogen. So ließ Hans sich überreden und erfüllte Simone ihr zweites Bedürfnis, was sie schon am Samstag wollte, nämlich mit Freunden Billard spielen. Jetzt muss man aber genau hinschauen. Am Samstag hatte Simone gesagt: »Ich will tanzen gehen.« Doch Hans hatte gesagt: »Nein, wir gehen nicht in die Disco.« Somit hat Hans das Bedürfnis von Simone ignoriert, und Simone ist in den Angriffszustand gegangen. Sie hat dann gesagt: »O.k., als Alternative gehen wir eben Billard spielen.« Es war aber nicht ihr Bedürfnis Nummer eins. Am Sonntag wollte Simone an den See, aber sie ging davon aus, dass Hans das wie üblich nicht will – so hat er ihr (indirekt)

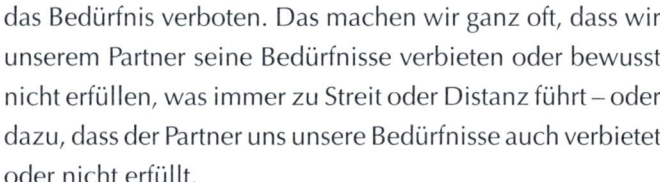

das Bedürfnis verboten. Das machen wir ganz oft, dass wir unserem Partner seine Bedürfnisse verbieten oder bewusst nicht erfüllen, was immer zu Streit oder Distanz führt – oder dazu, dass der Partner uns unsere Bedürfnisse auch verbietet oder nicht erfüllt.

O.k., die Lösung wäre, dass Hans am Samstag einverstanden ist und mit Simone tanzen geht. Simone sagt am Sonntag: »O.k. Hans, lass uns Liebe machen.« Hans sagt am Sonntag: »O.k. Simone, lass uns an den See gehen.« Simone sagt am Sonntag: »O.k., ruh du dich aus, triff deine Kumpels, ich mache etwas für mich und treffe meine Freundinnen.« Das heißt: Anstatt sich gegenseitig die Bedürfnisse zu verwehren und zu planen, wie man sich ablenken oder sonst wie erfüllen kann – einfach geben. Es ist so einfach: einfach ja sagen, einfach geben. Denn Simone hat auch das Bedürfnis, Liebe zu machen, sie nimmt es vielleicht nicht wahr, verbietet es sich oder will Hans bestrafen, indem sie es unterdrückt. Hans hat auch das Bedürfnis, an den See zu gehen, aber er denkt vielleicht, dass ihn das noch mehr erschöpft – doch es kann ihm ja auch Kraft geben. Deshalb lohnt es sich, auf das Bedürfnis des Partners einzugehen und sich für das eigene Bedürfnis einzusetzen. ☺ Denn dein Bedürfnis ist immer irgendwo auch das deines Partners, und das Bedürfnis deines Partners ist auch immer irgendwo deines.

Beobachte in deinem Leben, ob du eher in den Rückzugszustand gehst oder in den Angriffszustand. Oder wie du beide verwendest. Und beobachte, was die Reaktion deines Partners ist.

Es ist wichtig, dein Bedürfnis und das deines Partners mit dem Herzen zu erfragen, denn manchmal hat der Kopf eine Idee davon, was der andere will, aber es ist gar nicht das, was er will. Oder man denkt: › Gestern brauchte mein Partner seinen Raum, also gebe ich ihn ihm heute.‹ Nein, vielleicht braucht er heute etwas anderes. Immer im Herzen fühlen und fragen: Was brauche ich? Was braucht mein Partner? ☺

Wie Streit entsteht

Jeder kennt Streit, jeder hat schon mehrmals gestritten – und eigentlich mag es niemand so richtig. Ja, manchmal ist es o.k., sich »aus-zu-drücken«, aber achtsam und liebevoll.

Streit »ent-steht« immer dann, wenn wir eines unserer Bedürfnisse nicht erfüllt haben. Wenn wir uns selber nicht das geben, was wir brauchen. Wenn wir uns nicht unseren Raum gönnen oder uns nicht die Liebe erlauben, uns keine Ruhe, keine Grenzen, keine Freude, keine Freunde, keinen Spaß, keine Spielereien usw. erlauben. Dann wird unser inneres Kind sauer und uns fehlt einfach etwas. Und meist denken wir dann, wir müssten es uns bei unserem Gegenüber holen. Oder wir denken, unser Partner/Kind gibt uns etwas nicht, und wir versuchen dann, es von ihm zu erzwingen, indem wir einen Streit kreieren. Streiten oder sich beklagen ist nichts anderes als zu sagen: »Mir fehlt etwas, ich kann nicht darum bitten oder ich weiß nicht, wie es mir selber geben kann, also gib du es mir.« Nur benutzen wir andere Worte dafür.

Wenn wir streiten, dann streiten wir oft über den Abwasch, die Wäsche, die Kinder, die Ordnung, das Geld, das Essen … oder sonst etwas. Aber es geht nie um diese Dinge. Das, um was es wirklich geht, liegt viel tiefer verborgen, es ist meistens ein Bedürfnis, etwas, was uns fehlt, oder wir können nicht genau sagen, was wir wollen.

Ein Beispiel: Ich erklärte in einem Seminar genau diesen Teil – was die Bedürfniserfüllung mit dem Streiten zu tun hat. Eine der Teilnehmerinnen verstand es nicht ganz, also bat ich sie, mir ein Beispiel zu nennen von einem Streit zwischen ihr und ihrem Mann, um es daran zu erklären. Sie sagte: »Gerade vor einer Woche war ich mit meinem Mann in unserer Küche. Wir mussten einen Vertrag der Bank miteinander durchlesen. Mein Mann brachte den Vertrag, und er hatte Eselsohren! Er ist immer so unordentlich und schludrig! Und ich sagte ihm: ›Was soll das?! Das Papier hat ja Eselsohren!‹ Danach ist er total sauer geworden und hat gesagt: ›Immer nörgelst du an mir rum!‹ Und wir fingen total an zu streiten.«

Ich bedankte mich für ihre Geschichte und sagte: »O.k, oberflächlich scheint es, als ob der Vertrag oder das Eselsohr den Streit ausgelöst haben, ja? Aber der Vertrag und das Eselsohr haben gar nichts damit zu tun. Also, ich frage dich: Welches deiner Bedürfnisse wird nicht erfüllt, was brauchst und willst du mehr in deiner Beziehung?« »Ja, ich möchte mehr Ordnung und dass er sich darum kümmert.« »Ja, das ist toll.« Ich fühlte, dass da aber noch ein Bedürfnis darunterlag, und fragte noch ein paar Mal nach, bis sie sagte: »Ja, ich möchte von meinem Mann mehr umarmt werden.« »O.k., gut und jetzt: Was hat dein Mann für Bedürfnisse in eurer Beziehung, welche nicht erfüllt sind?« Sie wurde ein bisschen rot und sagte dann: »Ja, er möchte mehr Sex und dass ich nicht an ihm rumnörgele.« »Genau, und nicht an ihm rumnörgeln heißt, ihn so zu nehmen, wie er ist. Also zusammengefasst: Ihr habt nicht über das Eselsohr und nicht über den Vertrag gestritten, sondern ihr wolltet euch eigentlich sagen: ›Mein geliebter Mann, ich wünsche mir, dass du mich mehr in den Arm nimmst.‹ Und er wollte sagen: ›Meine geliebte Frau, ich wünsche mir, dass du mich so annimmst, wie ich bin und, dass ich dir im Bett mehr Liebe geben kann.‹« Alle Teilnehmer waren verblüfft. Ich fragte sie, ob das so stimme und ob es Streit gegeben hätte, wenn sie es so formuliert hätte. Sie sagte: »Es stimmt, und es ist total schön, so bräuchten wir nicht zu streiten.«

Unsere Kommunikation drückt oft nicht aus, was wir aus dem Herzen wirklich sagen wollen. Wenn ein Mann mehr Sex will, will er tief innerlich, aus dem Herzen, dich nur mit noch mehr Liebe beschenken und beglücken. Und wenn eine Frau nörgelt, dann kriegt sie oft zu wenig Liebe.

Eine andere Frau beklagte sich einmal, dass ihr Mann so unordentlich sei, und fragte mich, wie sie die Bedürfnisse in diesem Fall erkennen könne. Und zwar lässt ihr Mann immer die Schuhe im Flur stehen und die dreckige Wäsche im Bad liegen. Ich sagte ihr: »Ja, was hast du für ein Bedürfnis?« »Ja, eine saubere, ordentliche Wohnung und dass er einmal mit anpackt.«

»O.k., wo genau soll er anpacken?« »Ja, er soll mich eben unterstützen im Haushalt.« »Aha, o.k., macht er das nicht oder nicht so, wie du möchtest? Was macht er im Haushalt?« »Ja, er nimmt nur den Müll mit runter, sonst nix.« »O.k., und was wünschst du dir noch von ihm?« »Ja, dass er einfach mehr zu mir steht.« »O.k., also dass er dich unterstützt und zu dir steht, ja?« »Ja, genau, dass ich weiß, dass er mich will und mich liebt.« »Aha, o.k. Gut, wenn du dich jetzt total geliebt fühlst und spürst, dass er dich will, würden dich dann die Schuhe im Flur und die dreckige Wäsche im Bad stören?« »Nein, ich würde sie wegräumen oder ihn bitten, sie auf die Seite zu stellen, damit ich besser für uns putzen kann.« »O.k., das ist schön. Und wie hast du es ihm bisher gesagt?« »Ja, immer als Vorwurf: ›Nie räumst du auf!‹« »Gut, kannst du es jetzt genauer und schöner formulieren, damit er versteht, was du brauchst und damit er es dir geben kann?« »Ja, ich sage: Ich fühle mich geliebt, wenn du deine Schuhe auf die Seite räumst, damit ich putzen kann.« »Genau, zum Beispiel. Danke.«

Es geht immer darum, dein Bedürfnis zu erforschen, um dann einen Weg zu finden, es klar und liebevoll »mit-zu-teilen«. Fakt ist, wenn du alle deine Bedürfnisse organisiert hast, das heißt, sie erkennst, sie dir erlaubst und Wege suchst, sie auf gesunde Weise zu erfüllen oder liebevoll »aus-zu-drücken«, gibt es keine Streitigkeiten. Wenn du immer schaust, dass du ein Ja für deinen Partner hast und dir immer deine Liebe-Abwehr-Mechanismen anschaust, wirst du auch nicht streiten mit ihm und kannst so immer in der Liebe sein. Wenn du innerlich immer wieder ja sagst zu deinem Kind, deinem Partner, deinen Freunden, wenn du immer wieder verzeihst, wirst du die Tür zur Liebe und zu einem harmonischen Miteinander immer offen halten und tiefe Erfüllung im Lieben erfahren. Du brauchst dich dazu nur um die Pflanzen des Liebesgartens zu kümmern. ☺ Wie du dies machen kannst, möchte ich dir mit diesem Buch zeigen, damit du ein Leben in Harmonie und Frieden führen und ganz viel Nähe mit deinen Mitmenschen erleben kannst.

Drei weitere Gründe für Streitigkeiten

Es gibt drei weitere Gründe, weshalb sich Streitigkeiten oder Disharmonie in einer Beziehung entwickeln können, welche nicht direkt mit den Bedürfnissen zu tun haben. Es sind:

1. Wenn einer von euch nicht seinem Herzen, seinem Lebensplan folgt.
2. Wenn einer von euch vor einer persönlichen Herausforderung oder Lektion steht, welche Widerstände hervorruft.
3. Wenn ihr gerade dabei seid, euch einen Schritt näherzukommen, euch mehr zu öffnen.

Was heißt das genau? Ich erkläre dir die drei Punkte kurz.

1. Nicht seinem Herzen oder Lebensplan folgen
Das heißt, du tust oder lebst etwas, was dir, deinem Wesen, deiner Seele, deinem Lebensplan nicht entspricht. Etwas,

was gegen dich arbeitet, was dich müde macht, was dir quälende Gedanken beschert oder sogar deinen Schlaf verändert. Es kann sein, dass dies dir oder deinem Partner passiert. Und wenn es so ist, dann möchte der Partner alles tun, um dich wieder in deine Mitte zu bringen, in die Harmonie, auf deinen Lebensweg und ins Herz. Somit kann es sein, dass er sich anders verhält als üblich – nur um dir zu zeigen: »Hi, du tust gerade etwas, was dir nicht guttut und was du nicht willst.« So einfach. ☺

Ein Beispiel aus meinem Leben, als ich gerade das Buch schrieb und mich entschloss, die Methode mit den Bedürfnissen nicht mehr anzuwenden, um zu schauen, was passiert. Mein Partner verhielt sich auf einmal seltsam. Er wollte immer mehr arbeiten, machte viele Dinge ohne mich, obwohl er früher immer mit mir etwas unternehmen wollte, und er war auch sonst distanziert, zurückhaltend und irgendwie anders. Dies löste in mir große Ängste aus: Angst ihn zu verlieren, Angst zu versagen usw. Ich stellte mich dann den Ängsten, löste sie auf und fragte auch die geistige Welt, was denn da los sei. Und ja, mir wurde gezeigt, dass ich gerade ein Ziel zu meinem Lebensmittelpunkt gemacht hatte, das ich gerade nicht brauchte oder nicht erfahren wollte. Also ich war dabei, mich selber von mir zu »ent-fernen« und zu entfremden. Ich dachte, ich wolle in diese Richtung gehen, aber entschied dies mit dem Verstand und nicht mit dem Herzen. Also besann ich mich wieder auf das, was ich wirklich will im Leben, was ich wirklich brauche, und fing an, dies umzusetzen. Ich fing wieder an, ich selber zu sein. Ich erinnerte mich an die Zeit, als ich alle meine

Bedürfnisse gut managen konnte. Sobald ich anfing, dies wieder zu leben und mich wieder um meine Bedürfnisse zu kümmern, kam mein Partner wieder auf mich zu und überschüttete mich wieder mit Rosen. ☺

Wenn sich der Partner von einem distanziert, kann es auch sein, dass du dich von dir selber distanzierst. So habe ich mich wieder mit mir verbunden, mit meiner Seele, meinen Herzenswünschen – und die umgesetzt. Vor allem Frauen neigen schnell dazu, die Beziehung oder den Partner in den Mittelpunkt zu stellen, aber im Lebensplan steht kaum: Kümmere dich um deinen Partner. Eine Beziehung ist oft einfach eine schöne Begleitung. ☺

Was kannst du tun?

Zwei Dinge: deinem Herzen folgen, welches dich auf deinen Seelenweg führt. Eine ausführliche Beschreibung dazu findest du in meinem zweiten Buch *Für dich & dein Herz*. Und du kannst das Kapitel über Bedürfnisse auf Seite 48 ff. lesen, was dir auch hilft, wieder in deine Mitte und auf deinen Weg zu kommen. ☺

2. Persönliche Lektion oder Herausforderung

Eine persönliche Lektion meint, dass du als Seele gerade wächst, etwas lernst und eben herausgefordert bist. Oft ist es etwas, was dein Partner schon gemeistert hat oder wo er schon einen Schritt weiter ist als du – und somit bist du gefordert, es auch zu lernen. Und so kann es sein, dass du dann nicht die Lektion siehst, welche ja unangenehm und herausfordernd ist, sondern du projizierst es auf deinen Partner und findest ihn unangenehm und herausfordernd, was Konflikte schürt. Es hat aber nichts mit deinem Partner zu tun, sondern er hilft dir nur zu wachsen.

Was kannst du tun? Oder wie findest du heraus, ob das bei dir der Fall ist? Dies kannst du im Kapitel »Verständnis« nachlesen. Dort steht, wie es genau ist und was du tun kannst.

3. Sich einen Schritt näherkommen

Eine Beziehung »ent-wickelt« sich meist wellenförmig, weil eine Welle eine natürliche Schwingung ist und weil das meiste auf der Erde sich in Wellen bewegt. Das heißt, es ist wie bei Ebbe und Flut. Mal ist man sich nah, mal distanzierter, und es verhält sich wie eine Spirale. Ihr bewegt euch auseinander und wieder aufeinander zu. Dann wieder auseinander und wieder aufeinander zu. Das ist ganz natürlich und darf so sein. Jedes Mal, wenn ihr euch auseinanderbewegt, kommen gewisse Verlustängste hoch. Und jedes Mal, wenn ihr euch wieder aufeinander zubewegt, gibt es gewisse Konflikte oder Herausforderungen.

Mehr dazu findest du im Kapitel »Nähe und Distanz« bei der Blume »Grenzen«.

Raus aus den Streitigkeiten und rein ins Herz!

Bedürfnisse erfüllen

Wir alle haben Bedürfnisse. Jeder Mensch, jede Frau und jeder Mann. Es gibt Bedürfnisse, die hat jeder, und es gibt Bedürfnisse, welche der eine stärker hat und der andere weniger stark. Bedürfnisse, die die meisten haben, sind zum Beispiel essen, trinken, schlafen, ... Und das sind auch die Bedürfnisse, welche den meisten Menschen bewusst sind und welche sie sich gut erfüllen können. ☺

Dann gibt es die Bedürfnisse, welche nicht alle wahrnehmen, welche vielleicht ein bisschen schwächer ausgeprägt sind oder welche wir uns selber nicht erlauben, nicht kennen oder sogar verbieten. Oder wir sagen uns, dass wir das nicht brauchen. Aber der Satz »Ich brauche das nicht« bedeutet eigentlich: »Ich will es eigentlich, aber ich kann nicht, darf nicht oder kann mir nicht vorstellen, dass es möglich ist.« Wenn du sagst oder denkst, dass du etwas nicht brauchst, fühle nochmals gut in dich, ob du es willst und nicht doch brauchst. Zu den Bedürfnissen, welche in unserer Gesellschaft oder in unserem Kulturkreis nicht so stark ausgeprägt sind, gehören das Bedürfnis nach Freude, nach Spaß, nach Zeit für sich, Erholung, Freundschaften usw.

Es gibt also Bedürfnisse, die jeder hat, und es gibt Bedürfnisse, die nur du für dich hast. Und jede Bedürfnis-Blume hat auch ihr eigenes Maß, also mal braucht man mehr vom Dünger

»Spaß mit Freunden« und manchmal mehr vom Wasser »Ruhe mit dir alleine«. Die Bedürfnisse können sich verändern.

Im den folgenden Kapiteln zeige ich dir, wie du sie herausfinden kannst und wie du sie in dein Leben integrieren kannst. Und ich zeige dir, wie sie dir von deinen Mitmenschen, Partnern, Emotionen und Gedanken bewusst gemacht werden.

Denn: Je mehr du deine Bedürfnisse kennst, sie dir erlaubst und je mehr du sie umsetzt, umso glücklicher und erfüllter wirst du. Umso mehr kannst du strahlen und smilen ☺ und lieben. ☺

1. Bedürfnisse wahrnehmen

Jeder Mensch hat etwa 20 bis 30 Grundbedürfnisse und Vorlieben im alltäglichen Leben, oft auch mehr. Doch meistens erfüllen wir uns nur zehn oder acht davon. Das ist sehr schade, denn stell dir vor: Wenn du dir alle deine 30 alltäglichen Bedürfnisse erfüllen würdest, wie glücklich wärst du dann? ☺

Das Erste, worum es geht, ist, deine Bedürfnisse wahrzunehmen und zu schauen, welche Bedürfnisse du schon ganz gut wahrnehmen kannst. Und welche nicht? Fühlst du zum Beispiel, wenn du Hunger hast? Oder ist dir bewusst, wann dein Körper, dein Geist oder deine Seele müde ist?

Schreibe einmal auf, welche deiner Bedürfnisse du klar wahrnimmst. Und dann stell dir vor, du bist in einem Groß-kaufhaus und kannst dir alles, alles aussuchen und alles, alles ist möglich. ☺ Im ersten Schritt schreibst du einfach mal alles wild und ohne zu überlegen auf, als ob du eine Skizze machen würdest.

Was braucht dein Körper?

_____

_____

_____

Was brauchst du für Freunde?
Männliche, weibliche?
Welche Qualitäten sollten sie haben?

_____

_____

_____

Was brauchst du für Hobbys?
Was tust du gerne für dich?

Was brauchst du an materiellen Dingen?

Was brauchst du in einer Beziehung?

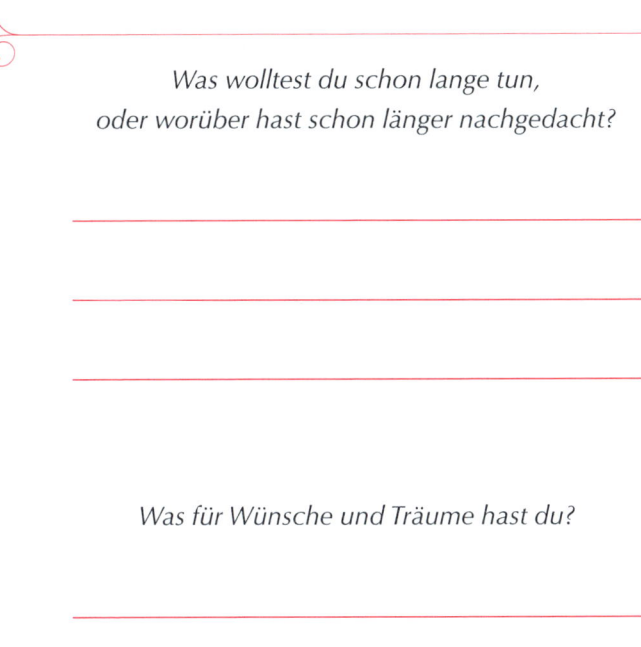

*Was wolltest du schon lange tun,
oder worüber hast schon länger nachgedacht?*

_____

_____

_____

Was für Wünsche und Träume hast du?

_____

_____

_____

Wenn du dir deine Bedürfnisse erfüllst, bedeutet das auch, dass du dich selber nährst und selber liebst. Du kannst diese Übung auch mit deiner Freundin oder einem Freund machen, oft hilft es auch, vorher zu meditieren.

Ein Beispiel aus der Praxis: Ich nehme jetzt ein sehr verbreitetes Beispiel. Es kam eine Frau zu mir in die Traum-Paar-Beratung und klagte, dass ihr Mann sie einfach nicht beachte. Sie waren schon seit 20 Jahren verheiratet und hatten zwei süße Kinder. Sie klagte, dass er ständig weg sei, immer lange arbeite und am Wochenende dann oft müde sei oder keine Lust habe, etwas zu unternehmen. Auch wenn er am Abend nach Hause komme, sitze er meist vor dem Fernseher, und er kümmere sich einfach zu wenig um sie. Die Frau war sehr traurig und enttäuscht, denn sie liebte ihren Mann, aber sie war einfach unzufrieden. Sie versuchte alle möglichen Dinge, um diese Situation zu verändern. Sie ging auch immer mehr weg und überlegte sich auch, sich zu trennen, eine Affäre zu haben oder sonstige Fluchtideen. Ich habe ihr dann auch von den Bedürfnissen erzählt und fragte sie: »O.k., was brauchst du?« Sie meinte: »Dass mein Mann weniger arbeitet.« Und ich sagte ihr: »O.k., aber was ist dein Bedürfnis, was brauchst du für dich von oder mit ihm?« Sie überlegte eine Weile und sagte: »Ich brauche seine Liebe, seine Aufmerksamkeit, ich möchte mehr Zeit mit ihm verbringen.« Ah, ja genau, jetzt hatte sie ihre Bedürfnisse erkannt. Du siehst, es ist nicht immer ganz einfach, seine Bedürfnisse zu erkennen. Dann fragte ich sie: »O.k., fühl in dein Herz (frage deinen Liebesgärtner) … Wie viel Zeit möchtest du mit ihm verbringen pro Woche?« Sie sagte: »Unter der Woche jeden Tag zwei Stunden und am Wochenende sicher einen ganzen Tag.« Ja supi! Dann die nächste Frage: »Wie viel Aufmerksamkeit brauchst du von deinem Mann?« Sie sagte: »Eine Stunde pro Tag.« »O.k., super. Und wie viel Aufmerksamkeit brauchst du von dir für dich jeden Tag, wo du dir Zeit nimmst für dich?« »Eine halbe Stunde.« »O.k., gut, du brauchst es nur zu erkennen und dir darüber klar zu werden. Zur nächsten Frage: Wie viel Liebe brauchst du von deinem

Mann?« »Jeden Tag zwei Stunden und Streicheleinheiten.«
»Ja, gut, sehr schön. ☺ Wie viel Liebe brauchst du von dir
für dich?« »Jeden halben Tag zehn Minuten.« »Ja, schön.
O.k., jetzt ist dir klar, was du brauchst von dir und von deinem Mann. Bist du bereit, dir selber das zu geben, was du
brauchst?« »Ja.« »Super, dann mach es, gib es dir, finde
Wege, wie du es dir geben kannst. Sind die Bedürfnisse
von dir oder von deinem Mann jetzt erfüllt?« Sie schüttelte
heftig den Kopf und sagte: »Nein, gar nicht.« »O.k. dann
weißt du jetzt, was dich an deiner Beziehung stört oder
was dir nicht gefällt. Es ist nicht dein Mann, nicht seine Arbeit und auch nicht sein Verhalten. Das, was fehlt und
stört, ist, dass DU deine Bedürfnisse nicht wahrgenommen
hast und dich nicht um die Erfüllung deiner Bedürfnisse
gekümmert hast. Stimmt das?« »Ja.«

Dann habe ich ihr empfohlen, sich Zeit zu nehmen, alle
ihre Bedürfnisse aufzuschreiben und einen Plan zu machen.
Es ist eine rein organisatorische Sache, wie sie sich alle
ihre Bedürfnisse erfüllen kann – und wie sie ihrem Mann
klar und liebevoll mitteilen kann, was ihr gefällt und was
sie sich wünscht. Du fragst dein Herz, was es braucht und
wie viel es braucht. Dann benutzt du deinen Kopf, der es
regelt und organisiert.

Dann habe ich sie gefragt: »Was braucht dein Mann?« Sie
sagte: »Dass ich nicht nörgele, dass ich hübscher bin und
mehr Verständnis für seine harte Arbeit habe.« »O.k., gut.
Und wenn du jetzt noch tiefer schaust und fühlst … Was
braucht er wirklich tief innerlich von dir?« Sie schaute eine

Weile umher und grübelte. Ich fühlte, dass sie die Antwort wusste, und ich fühlte auch, was die Antwort war, aber ich warte immer, bis der Klient den Mut findet, es »aus-zu-drücken«. Sie holte tief Luft und sagte: »Er braucht Sex und meine Anerkennung.« Ah ja, genau. (Jetzt muss ich sagen, dass das ein heikles Thema ist, weil es einfach so viele Verletzungen und falsche Konzepte diesbezüglich gibt.) Ich fragte sie: »Wie oft braucht dein Mann Sex?« Es ist nur ein Bedürfnis, und jeder Mensch hat tief in sich das Bedürfnis, sich tief zu vereinigen, zu lieben und die Körper miteinander spielen und verschmelzen zu lassen. Ich fühlte, wie es in ihr anfing zu brodeln – ich hatte ihren wunden Punkt erwischt. ☺ Sie sagte fast ein bisschen mürrisch und verunsichert: »Alle zwei Tage.« »O.k., ja, das ist gut, es geht ja jetzt hier nur darum zu schauen, was gebraucht wird, um es einfach mal, ohne zu werten, anzunehmen und anzuschauen.«

Gut, jetzt kommen wir zu einer provokanten Frage. In einer Beratung stelle ich meist einfach die Fragen, welche mir das Herz oder die Seele schickt, so dass der Klient die Antwort selber findet und so einen Heilungsprozess anschiebt. Die folgende Frage kam dann: »Wieso gibst du ihm nicht, was er braucht?« Und dann ging es los. Es brodelte und wirbelte ziemlich heftig in ihren Gedanken, Gefühlen und in ihrer Aura. Ich wusste: Jetzt haben wir den Kern erreicht. Sehr unangenehm und sehr befreiend und heilend. Sie sagte lange nichts, es wirbelte nur so in ihr und in ihrer Aura, bis sie schließlich sagte: »Ich mag Sex nicht, das kann ich nicht, das will ich nicht, das muss ich nicht, …« Und es kamen noch mehr solcher Ausreden. Das ist ganz normal. Wir haben immer Ausreden und vermeintliche Entschuldigungen, um nicht lieben zu können. Und wir brauchen uns nur dessen bewusst zu werden. Danach sagte sie: »Willst du etwa sagen, ich muss jetzt jeden zweiten Tag Sex mit ihm haben?« Ich musste schmunzeln, denn ich kenne diesen Prozess und diese Fragen so genau, weil ich auch einfach da durch bin und die gleichen Fragen und Ängste und Schmerzen hatte – und ich hätte am liebsten einfach JA gesagt. Hihi. ☺

Ich holte tief Luft und erklärte ihr mit viel Liebe Folgendes: »Das Spiel ist ganz einfach: Du erfüllst dir deine Bedürfnisse nicht, daraus folgt, dass er dir deine Bedürfnisse auch nicht erfüllt. Du erfüllst dir deine Bedürfnisse nicht, und somit erfüllst du ihm auch nicht seine Bedürfnisse. Du ›er-füllst‹ (es ist ja nur ein Auffüllen) ihm seine Bedürfnisse nicht, und somit erfüllt er deine Bedürfnisse auch nicht. So einfach ist das. Die Bedürfnisse, welche du hast, hat dein Partner auch. Die Bedürfnisse, welche dein Partner hat, hast du auch.« Bei den meisten Menschen passiert dann Folgendes: Sie sagen sich: »Ich brauche keinen Sex, und mein Mann will jetzt auch keinen Sex mehr.« Irrtum. Wenn du sagst: »Ich brauche nicht …«, dann meinst du eigentlich: »Ich brauche es, aber ich kann es mir nicht geben auf eine Weise, wie es mir gefällt oder guttut.« Oder: »Ich brauche es, kann es mir aber nicht zugestehen.« Oder: »Ich brauche es, aber ich habe das Gefühl, dass ich es nicht wert bin oder dass es eine schlechte Sache ist.« Da die Frau sehr bewusst und auch ehrlich zu sich selber war, hat sie diesen Teil ausgelassen und ihn nicht gesagt. Ich habe ihr dann erklärt, dass sie die Bedürfnisse ihres Partners nicht erfüllen muss, aber sie darf. Denn da die Bedürfnisse deines Partners meistens auch deine sind, hilfst du euch beiden, wenn du Wege suchst, sie zu erfüllen.

Jetzt kommen wir zur Goal-Frage! Juhhhaaa. ☺ »Was brauchst du, damit du ihm sein Bedürfnis erfüllen kannst? Was brauchst du, damit du ihm alle zwei Tage Sex geben kannst? Was brauchst du, damit du es genießt und voller Freude alle zwei Tage mit ihm Sex haben willst? Nehmen wir an, alles ist möglich …« Sie fühlte kurz in sich hinein, und dann sprudelte es nur so aus ihr heraus: »Ich möchte mich geliebt fühlen, ich möchte massiert werden, ich brauche ein langes Vorspiel, ich möchte sanfter berührt werden, ich mag mich wohler in meinem Körper fühlen, ich möchte leise Musik zum Sex, ich möchte erst lange kuscheln, ich möchte zwei Stunden lang Sex, ich möchte, dass er mir Blumen schenkt, ich möchte einen liebevolleren Sex, …« Jaaa, suuuppppeeerrrr!! Es geht in erster Linie immer darum, was du brauchst. Wenn du »er-füllt« bist, kannst du dich fragen: Was braucht mein Kind, was braucht mein Partner? Kannst du ihnen geben, was sie brauchen? Wenn nicht, was brauchst du, damit du es ihnen geben kannst?

Danach fragte ich sie, ob sie ihrem Mann je gesagt hat, was sie braucht im Leben, im Bett? »Nein.« Wenn ihr euch gegenseitig eure Bedürfnisse mitteilt, dann macht das liebevoll, ohne Erwartungen und ohne Druck. Etwa so: »Weißt du, was mir total gefällt?« »Weißt du, was mich total glücklich macht?« »Es gefällt mir so, wenn …« Dein Partner muss dir deine Bedürfnisse nicht erfüllen, aber er kann. Und er kann es nur, wenn er deine Bedürfnisse auch kennt. Und meistens wartet er und ist total dankbar, wenn du es ihm endlich sagst. Denn eigentlich wollen wir unseren Partner immer glücklich machen, wir wissen nur oft nicht, wie. Oftmals brauchen wir Anerkennung, Lob, Zärtlichkeit, Zeit, die wir miteinander verbringen, Zeit für uns, Geschenke, Hilfsbereitschaft und vieles mehr.

Übung

Jetzt machen wir eine Übung zu diesem Beispiel aus der Praxis, die du gleich auf dein Leben oder deine Beziehung anwenden kannst. Wichtig dabei ist, dass du die Bedürfnisse aus deinem Herzen abfragst.

Also entspanne dich, atme ein paar Mal tief ein und zum Mund wieder aus. Ein … und wieder aus … Lege deine linke Hand auf dein Herz, und fühle dein Herz eine Weile. Wie geht es deinem Herzen, wie fühlt es sich an?

Bitte dein Herz, dir nun klar die Antworten zu geben. ☺ Das Erste, was du hörst oder wahrnimmst, ist das, was das Herz sagt.

Was stört dich an deinem Partner am meisten?
Was fehlt dir in deiner Beziehung?

_____

_____

Was ist dein wahres Bedürfnis darunter?
Was brauchst du von deinem Partner?

_____

_____

Was brauchst du von dir selber?
Gibst du dir das, was du von deinem Partner verlangst?

_____

_____

Wie viel davon brauchst du von deinem Partner?
Wie viel davon brauchst du von dir?

_____

_____

Welches Bedürfnis erfüllst du deinem Partner nicht?

_____

_____

Was ist sein wahres Bedürfnis dahinter?

_____

_____

Was brauchst du, damit du ihm
sein Bedürfnis erfüllen kannst?

_____

_____

Wie kannst du dir dieses Bedürfnis erfüllen?

_____

_____

Finde Wege, wie du dir deine Bedürfnisse erfüllen
kannst, wie du deinem Partner mitteilen kannst, was

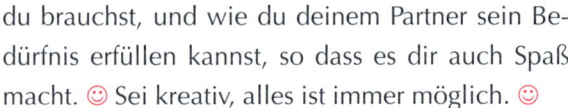

du brauchst, und wie du deinem Partner sein Bedürfnis erfüllen kannst, so dass es dir auch Spaß macht. ☺ Sei kreativ, alles ist immer möglich. ☺

Falls es dir schwerfällt, habe ich eine gratis Herzmeditation auf meiner Website, welche dich in dein Herz führt (www.lena.ch). Ich biete auch Beratungen und Seminare zu dem Thema an. ☺

2. Sich Bedürfnisse erlauben

Sobald dir deine Bedürfnisse bewusst sind und du sie für dich schwach oder klar erkennen kannst, kannst du zum zweiten Schritt übergehen – nämlich einfach das Bedürfnis annehmen, akzeptieren, wahrnehmen, dir erlauben, dass es da ist. Es ist da. Du hast dieses Bedürfnis. Es kann sein, dass du es verurteilst oder dass andere Menschen es dir scheinbar nicht erlauben. Oder vielleicht denkst du, dass du dieses Bedürfnis nicht haben solltest.

Ich erzähle dir kurz, was sich abspielt oder wie sich das anfühlt, wenn du ein Bedürfnis hast und es dir nicht erlaubst, nicht annimmst und somit auch nicht »mit-teilst« und dich nicht dafür einsetzt. Das läuft dann so ab … Du spürst zum Beispiel, dass du mehr Raum für dich brauchst, oder du hast einfach dieses Bedürfnis. Es kann sein, dass du es nicht wahrnimmst oder nur selten. Und wahrscheinlich fühlst du dich schlecht, das Bedürfnis zu haben, du traust dich nicht, es dir

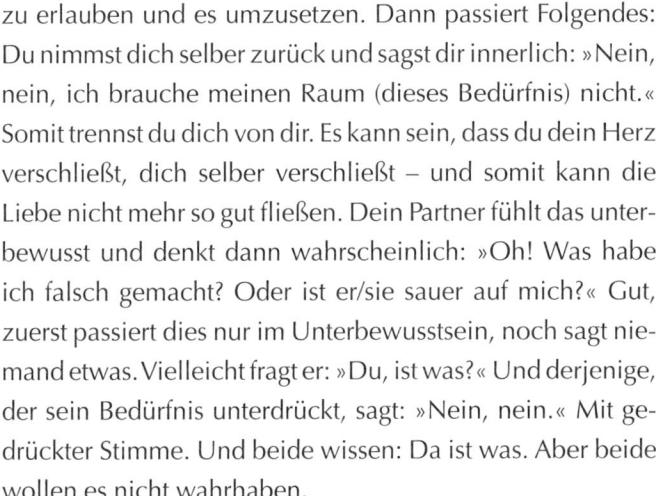

zu erlauben und es umzusetzen. Dann passiert Folgendes: Du nimmst dich selber zurück und sagst dir innerlich: »Nein, nein, ich brauche meinen Raum (dieses Bedürfnis) nicht.« Somit trennst du dich von dir. Es kann sein, dass du dein Herz verschließt, dich selber verschließt – und somit kann die Liebe nicht mehr so gut fließen. Dein Partner fühlt das unterbewusst und denkt dann wahrscheinlich: »Oh! Was habe ich falsch gemacht? Oder ist er/sie sauer auf mich?« Gut, zuerst passiert dies nur im Unterbewusstsein, noch sagt niemand etwas. Vielleicht fragt er: »Du, ist was?« Und derjenige, der sein Bedürfnis unterdrückt, sagt: »Nein, nein.« Mit gedrückter Stimme. Und beide wissen: Da ist was. Aber beide wollen es nicht wahrhaben.

Dann, wenn es so weitergeht, kann es sein, dass der Partner denkt: »Oh, ich glaube, sie möchte mehr Liebe von mir haben.« Und er gibt ihr mehr Liebe. Es kann auch sein, dass die Angst des Partners, sie zu verlieren, größer wird, und er will dann noch mehr Zeit mit ihr verbringen – also genau das Gegenteil von dem, was sie eigentlich braucht. Dann kann es sein, dass es zu einem Streit kommt … weil vielleicht die Küche nicht aufgeräumt ist. Aber es geht nicht um die Küche oder ums Bad oder den Abfalleimer. Es geht nie um solche Kleinigkeiten. Denn wenn du frisch verliebt bist, ist es dir einfach egal. Nur wenn du deine Bedürfnisse nicht erfüllt hast, auf Rückzug geschaltet hast, dich verschlossen hast oder eine Distanz da ist zwischen zwei Leuten, dann fangen sie an, über solche Details zu meckern, weil sie selber nicht wahrnehmen, was sie stört. Und stören tut meistens, dass du dir dein Bedürfnis nicht erlaubst, dass dir etwas fehlt, dass du dir nicht gibst, was du brauchst. Wenn du immer alles hast und machst, was du brauchst, willst du nicht streiten, dann bist du einfach gut gelaunt und kannst auch auf die Bedürfnisse deines Partners eingehen.

Also sagen wir, es kommt zum Streit. Dann wirft man ja meistens dem anderen etwas vor die Füße, was der gar nicht brauchen kann. Hihi, total sinnlos. Zum Beispiel: »Du hilfst mir nie … Du machst das falsch … Kannst du mal ….? Wieso immer so und so …? Mach mal!« Alles unnütze Kommunikation. Und der andere denkt: »Hui, jetzt hab ich was falsch gemacht, jetzt ist sie sauer auf mich.« Und er fängt an, sich zu hinterfragen, verschließt sich eventuell auch oder zieht sich zurück. Dabei hat er nichts falsch gemacht. Es wird alles total kompliziert, und man diskutiert dann stundenlang, wer jetzt den Abwasch macht usw. Man redet über Dinge, um die es gar nicht geht. Wenn dein Partner sich so verhält, frage ihn: »Was brauchst du? Und zwar nicht von mir, sondern von dir … Welches Bedürfnis erlaubst du dir gerade nicht? Vor welchem Bedürfnis hast du Angst? Was willst du nicht umzusetzen? Welches Bedürfnis erlaubst du dir gerade nicht?« Und du wirst merken, wie sich die Situation schlagartig beruhigt und wie auch dein Partner ruhig wird. Denn das, was in der Person schreit, wird endlich gehört und braucht nicht mehr länger zu rebellieren, Radau zu machen und Konflikte zu verursachen.

Dann geht es darum, das Bedürfnis zu finden: »Was brauchst du jetzt, was du dir nicht erlaubst?« Und im zweiten Schritt dann: »Willst du dir es jetzt erlauben? Kannst du annehmen, dass es da ist?« Fühle dieses Bedürfnis und verbinde dich damit. Gib alle Widerstände einfach auf, und umarme dein Bedürfnis, welches zu dir gehört. Und frage dich auch: »Welche Angst hindert dich daran, dieses Bedürfnis zu leben? Was könnte Schlimmes passieren, wenn du dieses Bedürfnis annimmst und lebst?« Fühle diese Angst und verbinde dich mit ihr. Und dann kommt meistens eine Angst wie: »Ich habe Angst, dich zu verlieren, dass du mich nicht mehr liebst, dass du mich nicht mehr willst, Angst, nicht gut genug zu sein, Angst zu versagen, Angst, alleine zu sein, abgewiesen zu werden, Angst, verlassen zu werden, …« Dann nimm diese Angst einfach an, nimm sie einfach in deine Arme und liebe sie. Wie ein kleines Kind, das Angst hat … Nimm die Angst in den Arm, streichle sie, gib ihr ein Küsschen und erlaube ihr, sich aufzulösen und wieder in Liebe zu verwandeln.

3. Bedürfnisse umsetzen

Ja, jetzt weißt du, was du so brauchst in deinem Leben. Was dir fehlt und was dir gefällt. ☺ Es ist so wichtig, das zu wissen, da es einfach ein Schlüssel zu deinem Herzen ist. ☺ Ja, es zu wissen, das ist eine Hälfte. Die zweite Hälfte ist, es in die Tat, in deinem Leben »um-zu-setzen«, es zu leben. Das heißt, du musst es kommunizieren, es leben, es machen, dich darum kümmern, es planen und organisieren. Dazu braucht man Disziplin – und manchmal auch einen Tritt in den Hintern. Aber es lohnt sich, es lohnt sich total, es zu tun und zu leben.

Setze einfach eine Absicht, nimm dir vor, deine Bedürfnisse zu leben, sie zum »Aus-druck« zu bringen. Das kann passieren, indem du dir einfach innerlich sagst: »Ja, ich verspreche mir, dass ich mich in Zukunft um meine Bedürfnisse kümmere.« »Ja, ich erlaube mir, meine Bedürfnisse in meinem Leben erfüllt zu haben.« »Ja, meine Bedürfnisse sind wichtig, und ich kümmere mich jetzt jeden Tag um meine Bedürfnis-Blumen.« »Ja, ich frage beim Liebesgärtner nach, welche Bedürfnis-Blume was braucht.« »Ja, ja, ja, ja für mich und ja für meinen Partner und ich sage ja zur Liebe. ☺ Ja, ja, ja! Ja, ich bringe meinen Liebesgarten zum Sprießen und Blühen.«

Kommunikation

Wir sagen nicht immer das, was wir aus dem Herzen wirklich sagen wollen. Oft sagen wir sogar etwas sehr Gegenteiliges.

Ich gebe dir ein paar Beispiele, wie du deine Bedürfnisse und Herzenswünsche zum Ausdruck bringen kannst. Das ist oft der erste Schritt, um sie sich zu erfüllen. Wenn du dich noch nicht traust, es deinem Partner zu sagen, sage es dir erst selber vor dem Spiegel. Das macht es manchmal leichter. In die leeren Zeilen kannst du deine Bedürfnisse eintragen.

»Du, Schatz, ich mag dich wirklich sehr. Ich habe das Bedürfnis, dass _____ (die Küche sauber ist), ich weiß nicht, wie ich es ausdrücken kann, damit du dich wohlfühlst dabei. Wie möchtest du, dass ich es dir sage?«

»Mein lieber Mann, du siehst heute echt toll aus. Ich möchte dir etwas mitteilen, es fällt mir ein bisschen schwer, da es mich oft sauer macht, ich fühle mich echt besser, wenn _____ (wir öfter miteinander kuscheln). Was hältst du davon?«

»Meine hübsche Frau, ich wünsche mir, _____ (mehr Zeit mit dir zu verbringen). Wie viel _____ (Zeit) kannst du mir pro Tag schenken? Und wann?«

»Allerliebster Partner, ich schätze sehr, _____ (wie hilfreich du bist). Ich war gestern total wütend, und es tut mir leid, dass ich dich nicht so nett behandelt habe. Mir ist erst jetzt klar geworden, dass ich einfach mehr _____ (Aufmerksamkeit,

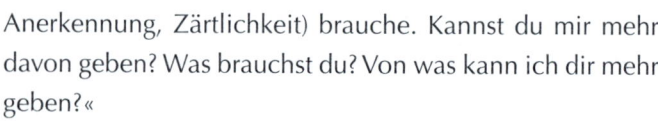

Anerkennung, Zärtlichkeit) brauche. Kannst du mir mehr davon geben? Was brauchst du? Von was kann ich dir mehr geben?«

»Hallo, meine liebe Freundin, ich habe dich heute vermisst. Ich möchte dich um etwas bitten: _____ _____. (Wenn du an mir rumnörgelst, denke ich einfach, dass ich dich unglücklich mache.) Kannst du einfach _____? (Zum Beispiel: Einen anderen Weg finden, mir zu sagen, was du wirklich brauchst, und das Positive an mir hervorheben?)«

»Guten Morgen, mein Schatz, ich liebe dich und ich schätze es sehr, dass du _____ (immer schöne Rosen mitbringst).«

»Mein König, ich bin glücklich, deine Königin zu sein. ☺ Und ich wäre noch viel glücklicher, wenn _____ _____ (wir ab und zu ins Restaurant gehen könnten).«

Sei kreativ und erlaube deinem Herzen zu sprechen. Sage immer etwas Schönes, bevor du sagst, was du brauchst oder willst, damit sich dein Partner gut fühlt und angenommen und es nicht als Kritik ansieht, sondern als Verbesserungs- vorschlag für die Beziehung. ☺

Schreibe nun selber ein paar Beispiele auf, wie du deinem Geliebten oder deiner Geliebten »mit-teilen« kannst, was dir so gefällt und was du noch brauchst, was eure Beziehung noch bereichern würde.

_____

_____

_____

_____

_____

_____

Bedürfnisse deines Partners

Nachdem du deine Bedürfnisse kennst und sie dir erfüllt hast, kannst du dich um die Bedürfnisse deines Partners kümmern. Aber zuerst du. Denn du bist die wichtigste Person in deinem Leben. Du bist 24 Stunden mit dir zusammen. ☺

Ich will hier nicht sagen, dass du seine Bedürfnisse erfüllen musst. Aber eine Beziehung ist harmonischer, wenn beide Partner glücklich sind, und es ist auch einfach schön, deinem Geliebten zu geben, wonach er sich sehnt. ☺ Wir haben alle genug von allem ☺, wir leben ja in einem Universum der Fülle. 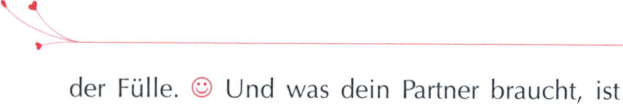 Und was dein Partner braucht, ist oft auch etwas, was dir fehlt. Also wenn du es ihm gibst, füllst du gleich euch beide damit auf. ☺ Ha! Wie praktisch das Lieben doch ist. ☺

Übung

Sobald du dir deine Bedürfnisse erfüllt hast, schaust du, was dein Partner gerade braucht und was du ihm geben kannst. Zuerst immer deine Bedürfnisse erfüllen – und wenn du voll bist, fühle in dich hinein, in dein Herz, frage deinen Liebesgärtner die folgenden Fragen und schreibe sie gleich auf.

Was braucht mein Partner jetzt?

_____

Was braucht mein Kind jetzt?

_____

Und fühle, ob du es ihm jetzt geben kannst …

_____

Wenn nein, fühle, ob es deine Aufgabe ist,
es ihm zu geben …

_____

Wenn nein, dann kannst du es einfach wieder lassen.
Wenn es deine Aufgabe ist, ihnen dies zu geben,
frage wieder dein Herz:

Was blockiert mich, meinem Geliebten
das zu geben, was er braucht?

_____

_____

Vor was habe ich Angst, was befürchte ich,
wenn ich es ihm geben würde?

_____

_____

Wie fühlt es sich an, wenn ich es ihm geben würde ?

_____

_____

Dann fühle in dein Herz … Fühle, ob du es deinem Partner, Kind geben möchtest? Wenn ja, dann gib es ihm einfach. Gib es ihm einfach, spring über deine Angst, über deinen Schatten – und gib es ihm einfach. Und beobachte in dir drin, weshalb du es nicht geben magst und wie du es ihm geben kannst. Und schaue vor allem, ob du die gleiche Sache auch dir geben kannst und von ihm annehmen kannst. Denn oft können wir das, was wir nicht geben können, auch nicht annehmen.

Falls du Schwierigkeiten hast, die tiefen Bedürfnisse deines Partners zu ergründen, dann komm zu mir in eine Beratung und wir tun dies gemeinsam. Ich biete auch Seminare zu diesem Thema an, bei denen wir es in einer Gruppe machen. Alle Infos dazu findest du auf meiner Website www.lena.ch.

Gedanken

Gedanken haben wir alle. Sie kommen und gehen, gewisse bleiben länger, gewisse bilden sich zu einem immer wiederkehrenden störenden Karussell aus, andere nicht. Es gibt Situationen, in denen keine Gedanken kommen, und es gibt Situationen, in denen viele Gedanken kommen.

Wenn du zum Beispiel Ferien hast und an einem schönen klaren See bist, die Sonne scheint, die Vögel zwitschern und du sitzt dort glücklich mit deinem Liebsten … Wie viele Gedanken kommen dann? Kaum welche – oder nur: »Ah, wie schön, ich bin glücklich, was für ein toller Partner.« Dann bist du in der Herzensliebe. Wenn du jedoch im Zug zur Arbeit sitzt, eigentlich noch müde bist, gerade mit deinem Partner gestritten hast oder wenn sonst etwas in deinem Leben dich beschäftigt … Wie viele Gedanken kommen dann? Tausende. Du kommst gar nicht nach, so viele kommen dann, oft kreisend wie eine Spirale oder ein Karussell, total nervend und störend. Die Gedanken sind meist zweifelnd, be- und verurteilend, kritisch, klagend, selbstverurteilend usw.

Also du kennst beide Zustände, den einen Zustand, wenn kaum Gedanken kommen oder nur schöne (das nenne ich den Herzensliebezustand oder im Herzen sein), und den anderen, wenn ganz viele störende, verurteilende Gedanken kommen (das nenne ich den Kopfzustand).

Wenn du viele Gedanken hast – oder besser gesagt: Wenn viele Gedanken kommen –, deutet das auf zwei Sachen hin. Erstens: Du bist gerade nicht in deiner Mitte, also du folgst gerade nicht deinem Herzen. Zweitens: Die Gedanken signalisieren dir, dass du ungeheilte oder ungelöste Emotionen hast, welche deine Aufmerksamkeit wollen.

Nun, was kannst du jetzt tun? Erst einmal kannst du diese Fragen beantworten:

*In welchen Situationen kamen bisher in deinem Leben
kaum Gedanken oder nur schöne?*

_____

*In welchen Situationen in deinem Leben
kamen viele Gedanken, störende und lästige?*

_____

Wenn gerade viele Gedanken zu dir kommen, beobachte sie eine Weile. Schaue sie einfach an. Gib ihnen deine Aufmerksamkeit. – Bald wirst du merken, dass sie ruhiger werden, und du wirst erkennen, dass sie wirklich von außen kommen und dass du sie nicht hast oder machst. Das sagen wir nämlich falsch in unserer Sprache: Du *hast* keine Gedanken, sie *kommen* zu dir. Probiere jetzt einmal aus, bewusst etwas zu denken, bewusst einen Gedanken zu produzieren. Probiere es aus. Es geht nicht, oder es ist ganz anders.

Also: Was wir als Gedanken wahrnehmen, ist nichts aus dir oder aus deinem Herzen oder deiner Seele,

sondern etwas aus dem Außen, welches deine Aufmerksamkeit möchte. Woher die Gedanken kommen, schauen wir uns im nächsten Kapitel »Emotionen« an. Unter jedem Gedanken sitzt meistens eine unterdrückte Emotion. Es ist wie ein Paket – die Emotion eingepackt in Packpapier. Und damit wir es nicht erkennen, weil wir die Emotion ja nicht fühlen wollen oder keine Lösung dazu haben, schreiben wir eine verzerrte Adresse darauf. Und unter dem Gedanken oder im Paket des Gedankens sitzt oft eine Emotion oder eine Reihe von Emotionen – und darunter liegt eine Botschaft. Diese Botschaft erinnert dich meistens an etwas, an ein unterdrücktes Bedürfnis oder an einen Wunsch, welcher dich wiederum in deine Mitte, in dein Herz, in dein Glück bringen würden. Also sind Gedanken und Emotionen Signale und Wegweiser für dein Glück. Mit ihrer Hilfe kannst du in den Herzensliebezustand kommen.

Ein Beispiel: Ich hatte oft den Gedanken: »Die Menschen behandeln mich falsch, ich muss sie verlassen. Sie achten mich zu wenig.« O.k. dieser Gedanke hört sich gut an, er ist zwar eher negativ, aber sehr logisch. Und er hilft, Distanz herzustellen und sich von Menschen zu trennen. O.k., dann habe ich mir Zeit genommen und diesem Gedanken meine Aufmerksamkeit gegeben, damit sich das Paket darunter »ent-falten« konnte. Damit ich die Botschaft oder das Geschenk darin auspacken und genießen konnte. ☺ Also setzte ich mich hin, entspannte mich, als ob ich meditieren würde, und betrachtete diesen Gedanken. Er fing dann an, mir Geschichten zu erzählen wie: »Der behandelt mich nicht richtig – und der nicht – und das soll nicht so sein, denn das tut er nur wegen der Sache, die er damals gemacht hat, und deshalb fühle ich mich dann so und so ...« Der Gedanke redete noch lange so weiter und erzählte die unglaublichsten Geschichten. Ich habe dann einfach gefragt: »O.k., was willst du mir zeigen? Welche Gefühle, welche Emotion verbergen sich hinter dir?« Und da kam sofort: »Ich fühle mich nicht geehrt, ich fühle mich nicht geachtet.« Und ich gab diesem Gefühl einfach Raum und fühlte es. Ich ließ es größer werden, atmete hinein und erlaubte ihm, einfach da zu sein. »Ja, ich fühle mich jetzt nicht geehrt – und es ist o.k.« Ich fühlte es, bis es schwächer wurde. Das Nächste, was dann auftauchte war: »Ich muss mich selber mehr ehren.« Und dann fühlte ich mich leichter. Ich hatte eines meiner Bedürfnisse erkannt. Ich habe das Bedürfnis, mich selber zu ehren, und das ist total schön. Ich hatte es bis dahin nicht wahrgenommen und mir somit auch nicht erfüllen können. Die Botschaft ging dann noch weiter, nämlich dass ich mich selber ehren und achten soll für das, was ich bin, und für das, was ich tue. Und im zweiten Schritt soll ich meinen Mitmenschen beibringen und ihnen zeigen, wie sie mich behandeln sollen. Es ist meine Verantwortung, wie die Menschen mich behandeln, ich kann dies beeinflussen und steuern. Wow! Da war so eine Befreiung und Erleichterung im Herzen. Der Gedanke hatte mir geraten, mich zu trennen oder auf Distanz zu gehen, und das Herz oder die Botschaft gab mir eine bessere Lösung.

Zusammengefasst kann man sagen, dass ich immer dachte, die Menschen würden mich falsch behandeln – und deshalb sollte ich sie verlassen. Das neue Wissen war dann, dass ich mich besser behandeln und die Menschen lehren soll, wie ich behandelt werden möchte! Das war so toll, ich war total happy darüber! ☺

Viele Frauen denken: »Ah, mein Mann behandelt mich nicht richtig.« Aber halt! Was will dir dieser Gedanke zeigen?

Emotionen

Genau wie die Gedanken dir etwas zeigen, haben auch die Emotionen eine Botschaft für dich. Jede störende Emotionen, jedes Unwohlsein wird sich auflösen und gehen, sobald du es anschaust und seine Botschaft erhalten hast. Jede Emotion, welche du hast, hilft dir nur, in deine Mitte zu kommen. Sie zeigen dir auf, dass du gerade an etwas denkst, etwas glaubst oder tust, was deinem wahren Wesen nicht entspricht, etwas, was für dich falsch ist und nicht deiner Wahrheit entspricht. Sie helfen dir, wieder in die Herzensliebe zu kommen. Probiere es aus.

Ein Beispiel: Ich lief einmal nach Hause und war total sauer, weil ich wusste, dass mein Partner nicht zu Hause sein würde, obwohl ich das eigentlich wollte und von ihm erwartete!

Also war ich total sauer und lief ganz schnell nach Hause. Tausende von Gedanken rannten durch meinen Kopf: ›Wie kann er nur? Das kann doch nicht sein, das lass ich mir nicht gefallen! Ich werde …‹ Und so weiter. Es brodelte in mir. Unterwegs fiel mir ein, was man tun sollte, wenn man in starken Gefühlen gefangen ist: 1. Stopp! 2. Atme! 3. Fühle! Fühle die Emotion und finde ihre Botschaft. Also hielt ich direkt auf der Straße an. Dann atmete ich, und es tobte in mir. Ich entschied mich, dieser Wut meine Aufmerksamkeit zu schenken, ich erlaubte mir, jetzt einfach wütend zu sein, und beobachtete den Vulkan in mir, wie er tobte. Ich fühlte ihn einfach und atmete weiter. Ich erlaubte mir jetzt gerade, wütend zu sein. Ich ließ alle Wut hochkommen und achtete auf die Botschaft, die mir diese Wut sagen oder zeigen wollte. Erst wurde die Wut größer und größer, und ich blieb einfach stehen und ließ es geschehen. Manchmal wollte ich wieder weiterrennen, aber ich hielt mich zurück und beobachtete. Nach einer Weile wurde es ruhiger in mir, ein Teil wollte weiterlaufen, doch ich blieb stehen und erinnerte mich an die Botschaft der Wut. Also fühlte ich sie weiter und wartete auf die Botschaft. Sie kam dann … Und die Botschaft war: »Ich brauche Raum für mich.« (Das war ein unterdrücktes, nicht von mir wahrgenommenes Bedürfnis.) Und ich fing an zu verstehen und sah, dass ich mein Bedürfnis für lange Zeit nicht wahrgenommen und es mir nicht erfüllt hatte. Und dass ich jetzt, da mein Freund nicht zu Hause war (entgegen meiner Erwartung), ja Zeit für mich hatte. Also konnte ich einfach annehmen, dass mein Freund nicht zu Hause war und mir somit half, dass ich mir endlich meinen Raum geben und mir somit mein Bedürfnis erfüllen konnte. Ich konnte ruhig atmen und es war o.k., dass mein Freund nicht zu Hause sein und mich nicht empfangen würde. Und dass ich Zeit für mich haben würde. So haben mir das Verhalten meines Freundes (nämlich das Nichterfüllen meiner Erwartung) und meine Emotion Wut mich darauf aufmerksam gemacht, dass ich ein Bedürfnis von mir unterdrücke und mir nicht gebe.

Das Resultat: Ich kam zu Hause an, niemand war da. Ich ging in mein Zimmer und hatte einfach Raum und Zeit für mich. Und was passiert, wenn ich Raum und Zeit für mich habe oder wenn ich mir mein Bedürfnis erfülle? Genau, ich komme in meine Mitte, ich komme in mein Herz, ich bin in der Herzensliebe. Meine Gedanken und Emotionen beruhigen sich, da sie ihre Botschaft, ihren Brief abgegeben haben. Sie brauchen nicht länger zu stören und um meine Aufmerksamkeit zu ringen. So funktioniert es. ☺

Grenzen

Grenzen sind eine weitere Pflanze. Grenzen sind sehr wichtig. Wir unterschätzen meist, wie wichtig Grenzen sind, unsere persönlichen Grenzen. Ich habe dies gesehen bei arabischen oder muslimischen Leuten. Die sind so total hingebungsvoll, und wenn sie lieben, dann lieben sie mit Leib und Seele und Körper und geben alles, was sie haben. Das hat mich sehr fasziniert, und ich dachte: ›Wow, wie können die das?‹ Ich habe dann auch längere Zeit mit ihnen zusammengelebt und es studiert. Eine Sache, die mir aufgefallen ist: Sie haben keine Scheu, nein zu sagen. Sie sagen sogar sehr oft nein. Sie sagen öfter nein als ja. Und sie erlauben es sich, wütend zu sein, und sie fordern, was sie brauchen und oder wollen. So habe ich dies untersucht und an mir selber ausprobiert. Wenn ich mir gewahr bin über meine Grenzen, wenn ich weiß, wo sie sind, wo sie anfangen und wo sie aufhören, wenn ich mir diese Grenzen erlaube und sie dann auch umsetze, dann kann ich offen bleiben und mich noch mehr öffnen. Wenn ich mir erlaube, mich in jeder Minute total für mich einzusetzen, egal, was oder wer kommt, und wenn ich mich verteidige, dann brauche ich keine Angst zu haben und kann immer offen und in der Liebe sein. Denn ich vertraue mir und ich beschütze mich, und falls jemand etwas tut, was mir nicht guttut oder mir nicht gefällt, teile ich es sofort mit!

Das ist etwas, was man auch Selbstliebe nennen kann: sich immer für sich selber einsetzen, immer ein Nein haben, wenn es nötig ist, sich immer an die erste Stelle setzen. Jaaa, fühl mal, wie sich das anfühlt für dich. Möchtest du dich immer für dich einsetzen? Für dein Herz? Nicht für den Hausfriedens oder den »Frieden untereinander«? Wenn du innerlich nicht im Frieden bist, kannst du es im Außen auch nicht wirklich sein, nur oberflächlich – und das ist nicht wirklich. Und ich meine ein Nein aus dem Herzen, ein Nein, das strahlt, das schneidet, das einfach klar sagt: »So will ich es, so will ich es nicht.«

Da, wo ich herkomme, aus der Kristallsphäre (mehr darüber steht in meinem ersten Buch *Wir Kristallkinder*), haben wir keine Grenzen, wir brauchen sie dort nicht. Und wir haben dort auch keinen Willen. Wieso? Ganz einfach: Wir wollen immer alle das Gleiche! ☺ Das ist für uns total normal. Aber nicht, da wir einen Führer haben oder eine Arbeit, die uns vorgibt, was wir wollen, sondern es ist ein Wollen aus dem Herzen, weil es einfach klar und logisch ist. Wir haben dort keine Körper, sondern sind nur so farbige Bälle, es gibt nicht wirklich ein Du und ein Ich, wir sind alle eins, wir leben dort im Einheitsbewusstsein. Es gibt keine feste Anzahl von uns, manchmal hüpfen drei ineinander und bilden danach einen, oder sieben hüpfen ineinander und danach werden fünf daraus – so wie wir gerade Lust haben. Es gibt dort nur ein Wir, und wir wollen alle das Gleiche. Nicht weil sich jemand anpasst oder unterordnet, sondern weil wir verbunden sind, das Gleiche fühlen und das Gleiche wollen. Es ist einfach logisch und klar. Und das heißt nicht, dass wir nur eine Auswahlmöglichkeit haben, wir haben mehrere Möglichkeiten, etwas zu tun. Aber da wir so verbunden sind, uns so lieben und einfach *aligned* sind, wollen wir das Gleiche. Es gibt sowieso nur Freude, Liebe, Leichtigkeit, Farben, Glitzer, Licht … Dort sind alle immer obermegaglücklich. ☺

Hier auf der Erde ist es ganz anders, und das war für mich seeehr schmerzhaft zu lernen. Hier auf der Erde gibt es ein Du und ein Ich und es ist anders. Und jeder hat seinen eigenen Willen – und nicht nur einen Willen, sondern drei oder vier, welche zum Teil total verschieden sind oder etwas anderes wollen. Das ist für mich total komisch und verwirrend. Wenn ich früher etwas mit Freunden unternehmen wollte, habe ich einfach gefühlt und gesagt: »O.k., lass uns das machen.« Mir kam nie in den Sinn, dass sie vielleicht etwas anderes machen wollen. Und auch wenn ein Partner mit mir Schluss gemacht hat, also die Beziehung beendet hat, war das sehr schmerzvoll. Und einer der Hauptgründe, weshalb es so schmerzvoll war, war, dass ich es überhaupt nicht verstand. Ich wollte die Beziehung noch und er nicht! Da er mich doch so geliebt hatte … Wie konnte er mich auf einmal nicht mehr lieben oder wollen? Bis ich dann gesehen habe, dass meine Seele diese Beziehung auch nicht mehr wollte oder wir einander einfach das gegeben oder uns beigebracht hatten, weshalb wir zusammengekommen waren. Und sobald wir es erreicht oder gemeistert hatten, bestand keine Notwendigkeit mehr zusammenzubleiben. Für mich war das total verwirrend. Bis ich sah und verstand, dass jeder Mensch seinen eigenen Willen hat und dass es o.k. ist. Dass jeder Mensch drei oder vier Willen hat und dass dies auch total o.k. ist. Und dass es für mich einfacher ist, diesen Willen einfach zu akzeptieren, auch wenn ich fühle, dass es dem Menschen gerade nicht guttut.

Du denkst jetzt vielleicht: ›Wie? Drei oder vier Willen?!‹ Ja, wir haben einmal den Willen der Seele, was sie erfahren, lernen möchte. Und dann haben wir den Willen des Herzens. Wenn der Wille der Seele und des Herzens im Einklang sind (was meistens der Fall ist) und du das lebst, bist du glücklich, immer! Dann gibt es den Willen des Verstandes oder des Kopfes, das ist das, was deine Ratio möchte. Diesen hast du als Kind gekriegt, er besteht aus Erfahrungen aus diesem Leben, aus Normen, gesellschaftlichen Erwartungen, wie etwas sein soll, manchmal hast du auch noch etwas aus früheren Leben mitgebracht usw. Dann gibt es noch den Willen des Egos oder einer Teilpersönlichkeit von dir. Das kann ich jedoch hier im Buch nicht alles detailliert erklären, da es zu lange dauern würde – und wir wollen ja lieben. ☺

Es ist einfach gut, wenn du weißt, dass jeder verschiedene Willen hat. Für mich ist es oft wichtig zu unterscheiden, ob es das Herz ist, das spricht, oder nicht. Das heißt: Geht es ums Herz oder um den Verstand, den Kopf, das Ego, die Persönlichkeit? Alle sind wichtig, jedoch das Herz ist immer am wichtigsten und der Chef. Was das Ego oder die Persönlichkeit braucht, ist auch wichtig, wir berücksichtigen es oft zu wenig. Jedoch wenn es darum geht, sich zwischen Herz und Ego zu entscheiden – dann immer Herz. Oftmals kann man auch den Willen oder das Bedürfnis von beiden, von Ego und Herz, gleichzeitig erfüllen, dann fühlst du dich echt total gut, wenn du das machst. ☺

Ich höre dann meist den Willen des Herzens und ignoriere den Willen des Kopfes, woraufhin mich gewisse Menschen angreifen, weil dies etwas in ihnen »aus-löst«. Ich bleibe dann aber einfach ruhig und schaue genau. Denn die Menschen sagen mir dann: »Ich will das gar nicht, nein, das geht nicht.« Und ich bin total überrascht. Aber ich habe gelernt: Schaue immer, woher der Mensch spricht. Spricht er aus dem Herzen oder aus dem Kopf? Und was will sein Herz gerade? Und wenn ich gerade sein Herz unterstütze und ihn darauf aufmerksam mache, dann ist es o.k. Früher oder später wird er es meist auch merken, dass sein Herz das will.

Als ich das mit dem Willen gesehen oder gelernt habe, habe ich gemerkt, dass wir oft keine Grenzen brauchen. Wenn ich mir meinen Willen erlaube, ihn respektiere und auch einfach den Willen meines Gegenübers einfach respektiere, ihn ihm erlaube und ihm Raum gebe, ist alles super in Ordnung. Und wenn ich merke, jemand respektiert meinen Willen, meine Grenze oder mein Bedürfnis nicht, dann weise ich ihn liebevoll darauf hin, dass ich das jetzt brauche.

Nähe und Distanz

In einer Beziehung, sei es mit deinem Partner, Freund, Kind, Chef, brauchst du immer beides: Du brauchst Nähe und Distanz. Je mehr die beiden ausgeglichen und gut aufeinander abgestimmt sind, umso schöner, harmonischer und nährender ist die Beziehung und umso mehr kannst du sie in vollen Zügen genießen. ☺

Bevor ich dir erkläre, wie du sie erschaffen und ausgleichen kannst, möchte ich dir erklären, was ich genau unter Nähe und Distanz verstehe.

Distanz

Wir fangen mit der Distanz an. Wir mögen die Distanz oft nicht, verurteilen sie und erschaffen sie doch immer wieder. Aber um eines schon mal von Anfang an klarzumachen: Distanz ist ganz wichtig! Wir alle brauchen mal Zeit für uns und unsere Bedürfnisse – ohne den Partner.

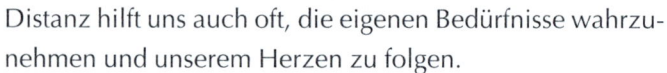

Distanz hilft uns auch oft, die eigenen Bedürfnisse wahrzunehmen und unserem Herzen zu folgen.

O.k. Was ist Distanz genau?

Distanz kann man auch anders formulieren oder sehen, nämlich als ein Grenzensetzen. Man nimmt Grenzen wahr, nimmt sich seinen Raum, hat Raum für sich, hat Zeit für sich alleine, um für sich zu sein, etwas für sich machen oder alleine zu sein. Es ist alles dasselbe. Kann es sein, dass du irgendeine der Beschreibungen magst? Die meisten Menschen fühlen sich wohl, wenn sie mal Zeit für sich haben oder wenn sie alleine in den Wald spazieren gehen und einfach ganz mit sich selber sind. Fühle in dich … Fühle, wie du zu Distanz stehst. Was fühlst du, wenn du daran denkst, deinen Raum einzunehmen, deine Grenzen zu setzen? Erlaubst du es dir? Empfindest du es als eine gute Sache oder eher als eine schlechte? Und nimm es einfach an, versuche es nicht zu verurteilen, sondern akzeptiere einfach, dass es da ist. ☺

Wir alle haben eine Aura, ein morphogenetisches, feinstoffliches Feld, welches uns umgibt. Meistens reicht es etwa neun Meter um unseren physischen Körper herum. Und das ist dein Raum. Fühle jetzt deine Aura, deinen Raum. Wie viele Menschen sitzen gerade in deiner Aura? Drei oder zehn? Sage ihnen nun, dass sie gehen dürfen und dass du deinen Raum für dich haben möchtest. Oft sitzt der Partner in deiner Aura oder auch deine Kinder, aber dieser Raum ist nur für dich. Nun fühle, wie du leichter wirst. Bitte nun deine Engel, deinen Raum, deine Aura, mit deiner Energie aufzufüllen und alles Fremde rauszuleiten. Spüre nun nach, wie du dich fühlst. ☺ Nimm deinen Raum wahr, er gehört dir und ist nur für dich da. Erlaube dir, ihn nur für dich zu haben. Du brauchst ihn nicht zu teilen. ☺ Nimm an, deinen Raum nur für dich zu haben.

In einer Beziehung braucht es immer beides – es ist wie beim Meer: Es kommt und es geht, es kommt und es geht, Ebbe und Flut. Genauso braucht man auch in der Liebe oder in einer Beziehung ein Zusammensein, Nähe, einen Austausch von Liebe und dann Rückzug, Distanz, Alleinesein und die Pflege von sich selber. ☺

Je mehr du Ebbe und Flut beherrschst, je mehr du dir deinen Raum nehmen und dich dann wieder öffnen und deinem Partner nahe sein kannst, umso schöner und erfüllender wird deine Beziehung. ☺ Dich selber nähren, deinen Partner nähren, dann dich wieder zurückziehen – oder besser gesagt: dich auf dich konzentrieren –, deinen Partner loslassen und dich nähren und dann wieder deinen Partner nähren.

Also finde Wege, wie du dir deinen Raum nehmen kannst, wie du deine Grenzen setzen kannst, wie du Distanz erschaffen kannst, ganz bewusst. Wie du dich um dich kümmern kannst, ohne deinen Partner. Denn wenn du nie Grenzen setzt oder deine kleinen Grenzen nicht erkennst, bist du irgendwann gezwungen, große Grenzen zu setzen – wie die Beziehung zu beenden, weil sie dich erstickt und du dir keinen Raum für dich nimmst, weil du leer oder müde bist und du dich somit nicht fühlen und auffüllen kannst.

Erlaube dir, Grenzen zu setzen, deinen Raum einzunehmen, dich selber zu nähren, alleine zu sein, dir deine Bedürfnisse zu erfüllen. ☺ Und erlaube auch deinem Partner, sich Raum für sich zu nehmen, alleine zu sein, sich um sich selber zu kümmern, um seine Hobbys auszuüben und mal etwas ohne dich zu machen. ☺

Jaaaaaaaa, ich erlaube es. ☺

Übung

Wie kannst du in deinem Leben Distanz zu deinem Partner erschaffen? Wie kannst du dich ganz auf dich konzentrieren, dich fühlen, du sein und dich auffüllen?

Ich weiß, wenn man verliebt ist und einen tollen Partner hat, will man immer mit ihm zusammen sein. Und oft hat man Angst, abgelehnt zu werden, also geht man besser gar nicht auf Distanz. Aber es ist so wichtig, so gesund.

Schau mal, als du deinen Partner kennengelernt hast, da warst du frisch verliebt. Und wieso? Weil du noch dein eigenes Leben hattest, weil du nicht immer Zeit für ihn hattest, weil du damals keine Angst hattest, ihn zu verlieren oder abgelehnt zu werden, weil du dir noch nicht sicher warst, ob du ihn wirklich willst. ☺ Und deshalb fiel es dir leichter, Distanz zu erschaffen.

Gut. Bist du nun bereit, zu schauen und zu fühlen, wie viel Distanz du brauchst? Oder wie viel Raum du für dich brauchst – ohne deinen Partner?

Jaaaaa! Super! ☺

Also schließe deine Augen, lege deine linke Hand auf dein Herz und atme tief ein. Atme in dein Herz und wieder aus. Ein paar Mal. Sage deinem Herzen: »Ich liebe dich.« ☺ Und dann frage es:

1. »Wie viele Stunden pro Woche brauche ich für mich alleine?«

2. »Wie möchtest du diese Stunden verteilen?«

3. »Was möchtest du in diesen Stunden mit dir machen?«

4. »Wie viele Stunden pro Woche möchtest du mit meinem Partner verbringen?«

5. Wie möchtest du diese Stunden verteilen?«

Wenn du alle Antworten hast, schreibe sie auf, damit du dich daran erinnern und sie besser umsetzen kannst.

1. _____

2. _____

3. _____

4. _____

5. _____

Oftmals verbringen wir zu viel Zeit mit unserem Partner, und das ist der Grund, weshalb die Liebe einschläft. Besser gesagt: Das Herz ist dann nicht glücklich. Es ist, als ob du den Blumen im Liebesgarten zu viel Wasser gibst, zu viel Pflege – und dann fangen sie an zu welken, weil ihnen die Luft fehlt. Wir denken, dass wir immer alles mit unserem Partner zusammen machen sollten, aber das muss nicht sein.

Oft wollen wir auch immer mit unserem Partner sein, weil wir uns nicht um unser eigenes Leben kümmern wollen oder weil wir eifersüchtig sind. Eifersucht kann man aber einfach umarmen und annehmen, es ist o.k., dass sie da ist. Und dann kannst du dich wieder mit dem Vertrauen und der Liebe tief verbinden. Dort findest du Sicherheit, im Vertrauen und in der Liebe. ☺

Ein gutes Beispiel, um Nähe und Distanz in Harmonie zu bringen, ist dieses: Wenn der Mann von der Arbeit nach Hause kommt, also wenn ihr euch beide zu Hause seht, begrüßt ihr euch herzlich und innig. *KussKussSchmatzUmaaarrrmmm!* »Ich habe dich vermisst, mein geliebter Rolf.«

»Ich dich auch, meine geliebte, wunderschöne Beate.« Und nach einer herzlichen, schönen und innigen Begrüßung kann man schnell fragen und planen: »Wie viel Zeit brauchst du für dich? Was möchtest du heute Abend machen? Und vor allem: Wann wollen wir uns Zeit nehmen, etwas gemeinsam zu machen?« Das ist so wichtig. Was nämlich meistens passiert, ist Folgendes: Die beiden essen zusammen und machen dann irgendetwas. Und irgendwann sitzen sie dann gemeinsam vor dem Fernseher, und so eine richtige *quality time* hatten sie den ganzen Abend nicht. Weil er entweder Zeitung las, als sie Zeit gehabt hätte, und sie dann doch lieber noch schnell putzte, als er bereit gewesen wäre. Also zum Beispiel einfach schnell sagen: »Ich würde gerne mit dir essen, dann brauche ich eine Stunde für mich, um zu meditieren, Yoga zu machen, TV zu schauen, zu malen, zu singen, ...« Und er sagt: »Ich mag für mich sein, etwas am PC machen, TV schauen, spazieren gehen, damit ich abschalten und mich ausruhen kann.« Und das Abschalten und Ausruhen geht alleine oft besser. »O.k., dann machen wir etwas zusammen um 8 Uhr?« Und um 8 Uhr schaut ihr dann, was ihr gemeinsam machen wollt. Und bitte: Fernsehen ist so langweilig ... Es gibt sooo viel tollere Dinge, die man zusammen machen kann. Wie zum Beispiel: reden, Spiele spielen, zusammen basteln, malen, Musik machen, sich massieren, kuscheln – und das Beste ist sowieso Liebe machen. Also könnte man sich dann um 8 gegenseitig massieren und Liebe machen. Man muss zum Liebe machen nicht immer Lust haben oder geil sein, es reicht schon, wenn man sich einfach füreinander öffnet. Und jeden Tag oder jeden zweiten Tag Liebe zu machen, ist total gesund. ☺

Nähe

Wissenschaftler haben herausgefunden, dass das Herz das größte elektromagnetische Feld im Körper erzeugt. Das elektrische Feld eines Herzens ist 60-mal größer als das Energiefeld des Gehirns. Bestimmte Informationen oder Codes erweitern das elektromagnetische Feld des Herzens. Zum Beispiel absichtlich produzierte positive Emotionen, das Händchenhalten und Nähe.

Sobald du dir erlaubst, auf Distanz zu gehen und Distanz zu erschaffen und eben du selber sein und dich um dich zu kümmern, kannst du dich besser und einfacher auf Nähe einlassen und dich dafür öffnen. Denn wenn du dir Zeit und Raum für dich nimmst und machst, wozu du Lust hast, heißt das, dass du deinem Herzen folgst. Du entspannst dich, und dein Herz öffnet sich ☺ – vor allem wenn du die Angst vor Ablehnung noch umarmt hast. ☺ Nähe bedeutet eigentlich nichts anderes, als dich für deinen Partner zu öffnen. Dein Herz zu öffnen, ihm alles zu verzeihen, ihn als Superidol und als Gott zu sehen. ☺ Du lässt dann Verurteilungen los, heilst dich selber und befreist deine ungelösten Emotionen und Themen. Dann siehst du, dass du dich immer für deinen Partner öffnen kannst. ☺

Ich möchte dir ein Beispiel geben, welches mir ein Schutzengel in einer *HerzTraum*-Beratung mit einer Klientin gegeben hat. Das erklärt es sehr gut. Die Klientin hatte sich in jede Beziehung voll reingestürzt, und es gab dann immer nur noch IHN in ihrem Leben. Sie hatte ihr komplettes Leben auf ihn eingestellt und sich ihm angepasst. Das heißt, sie hatte Zeit, wenn er Zeit hatte, sie ging dann aus, wenn er wollte, sie machten das, was ihm am meisten Spaß brachte usw. Auch hatte sie ein Thema mit ihrer Mutter, da ihre Mutter ihre Grenzen ständig nicht geachtet hatte. Ich habe ihr dann erklärt, wie das funktioniert mit Distanz und Nähe. Also Distanz bedeutet, nach sich zu schauen, Nähe bedeutet, sich zu öffnen und zu verbinden. Das mit der Distanz hatte sie schnell verstanden, und sie hat dann ihr Herz gefragt, wie sie das umsetzten kann. Das mit der Nähe hatte sie nicht verstanden, und so baten mich ihre Schutzengel, folgende Übung mit ihr zu machen. Und ich habe nun die Erlaubnis, sie auch mit dir zu teilen. ☺

Übung

Stell dir vor, du sitzt in einem Café oder Restaurant. Wenn du eine Frau bist, dann sitzen zwei Männer in deiner Nähe, wenn du ein Mann bist, sitzen da zwei Frauen. Der eine Mann (oder die eine Frau) gefällt dir, er sieht gut aus, ist sympathisch, hat schöne Augen, ist genau dein Typ (es kann auch dein Mann sein). Der andere (die andere) gefällt dir nicht so, ist eher langweilig und öde, hässlich. Beide senden dir Liebe, da ein Mensch immer Liebe sendet, und beide sind interessiert an dir.

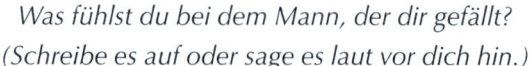

Was fühlst du bei dem Mann, der dir gefällt?
(Schreibe es auf oder sage es laut vor dich hin.)

Und was fühlst du bei dem Mann,
der dir nicht gefällt?

Jetzt fühle dein Herz.
Was passiert mit deinem Herzen bei dem Mann,
welcher dir nicht gefällt? (Fühle es und
schreibe es auf oder sage es laut.)

Dann fühle in dein Herz, wie fühlt es sich an,
wenn du den Mann anschaust,
der dir gefällt, der aussieht wie ein Filmstar?

Lasse es eine Weile wirken.

(Wenn du die Übung mit zwei Frauen machen willst,
setze bitte jeweils »Frau« oben ein.)

Liebe entsteht und du fühlst sie immer dann, wenn du dein Herz öffnest. Und Nähe entsteht auch immer dann, wenn dein Herz offen ist. So simpel! ☺ Wenn dir etwas gefällt, öffnest du dich. Wenn dir etwas nicht gefällt, verschließt du dich. Deshalb ist es so wichtig, in deinem Partner immer den Gott zu sehen, den Champion, den Filmstar, die Künstlerin, den König, die Queen, den Herkules, die Aphrodite, den Brad Pitt in ihm oder die Angelina Jolie in ihr, dann bist du automatisch offen für die Liebe und für deinen Partner. Denn jeder hat einen Helden in sich, jeder ist ein König oder eine Göttin. ☺

Dein Partner

Dein Partner ist eine wichtige Pflanze oder schon eher ein Baum in deinem Liebesgarten. Er hilft dir sehr auf deinem Weg. Er hilft dir, zu wachsen, du selber zu sein, Ungeheiltes zu heilen – und er zeigt dir, wie Lieben funktioniert.

Dein Partner, dein Kind, deine Freunde, deine Eltern, Kollegen – sie alle sind heilig. Vor allem dein Lebenspartner ist megaheilig. Er ist dein Lehrer, dein Meister, dein Geliebter und er ist einfach heilig. Behandle ihn oder sie wie einen König, wie eine Heilige. Achte ihn, verehre ihn und behandle ihn oder sie einfach sehr gut. ☺ Gib ihm deine Anerkennung, lobe ihn und gib ihm deine Aufmerksamkeit.

Achten und Ehren

Einen ganz einfachen und schnellen Weg, sein Herz, seine Liebesquelle für eine Person oder Sache zu öffnen, ist folgende: Du siehst in deinem Gegenüber einen Gott oder eine Göttin, einen Helden, einen Champion, einen Star. Der ist so wunderbar, so perfekt und kann alles, und du siehst nur das Potenzial und die Fähigkeiten von ihr/ihm. Und dann öffnest du dich oder dein Herz für ihn oder sie. Das passiert oft bei Stars oder Berühmtheiten. Die sind so toll und so perfekt, dass wir sie einfach mögen – oder wir öffnen uns eben für sie, falls wir sie nicht verurteilen. Ich mache das schon seit meiner Kindheit. Wenn ich einer Person begegne, dann sehe ich immer ihre Seele, ihr Licht, ihr Herz, ihr Potenzial … Und es ist bei jedem Menschen total wunderbar … Und so öffne ich mich automatisch für die Menschen und fühle dann auch Liebe für sie. ☺ Es ist so simpel.

Und auch wenn du frisch verliebt bist, passiert genau das Gleiche. Du siehst nur das Gute an deinem Partner, das Schöne, das Tolle, er ist der Tollste – und dann öffnest du deine Liebesquelle auch ganz. Aber mit der Zeit finden Verletzungen statt, dein Partner bringt dich an deine Themen, du fängst an, deine Emotionen und Themen auf ihn zu projizieren und verurteilst ihn, was alles dazu führt, dass du deine Liebesquelle immer mehr für ihn verschließt … anstatt sie mehr zu öffnen.

Die Unkräuter im Liebesgarten

So wie der Liebesgarten wunderschöne Blumen und Pflanzen hat, gibt es auch Unkräuter. Jedoch sind die Unkräuter des Liebesgartens relativ einfach zu jäten. Sie brauchen nämlich nur unsere Aufmerksamkeit und unsere Liebe – und schon lösen sie sich auf. Wenn sie diese Aufmerksamkeit nicht kriegen, kann es sein, dass sie die schönen, Liebe ausstrahlenden Blumen überwuchern und zum Ersticken bringen, und das wäre doch schade. Also achte gut auf die Unkräuter, und sieh zu, dass sie klein bleiben und gar nicht groß wachsen können.

Kopfzustand

Das Unkraut »Kopfzustand« ist sozusagen der Vater der Unkräuter. Je mehr du davon hast oder je länger du in diesem Zustand bist, umso einfacher und schneller können die anderen Unkräuter wachsen und umso mehr schließt sich die Liebesquelle. Das Unkraut »Kopfzustand« denkt, dass es sehr wichtig ist und dass es lieben kann – und die meisten Menschen lieben mit dem Kopf, aber der Kopf hat keine Ahnung vom Lieben. Das Herz ist die Königin der Liebe. ☺

Dieser Kopfzustand ist eher unangenehm, und es gibt verschiedene Facetten davon. Wir haben störende Gedanken, fahren die ganze Zeit Gedankenkarussell, wir fühlen Zweifel, Ängste, habe innere Stimmen, die uns verurteilen, sind gestresst, hetzen von einem zum anderen Termin, fühlen uns unruhig, gestresst. Oder wir haben quälende Emotionen, wir lenken uns ständig ab und müssen immer etwas tun, wie Handy, PC, Lesen, Musik hören, Hausputz, etwas abmachen, spazieren gehen, einkaufen gehen, das noch und das noch. Hauptsache beschäftigt und Hauptsache, wir kriegen die störenden Gedanken oder sonst etwas Störendes nicht mit. Wir rennen eigentlich vor etwas davon, sind gestresst, und natürlich sind alle anderen dann blöd, nerven und stören. Vor allem der Partner ist dann irgendwie einfach nicht so, wie er sein sollte. Und eigentlich hat es gar nichts mit unserem Partner zu tun.

In diesem Zustand leiden wir, wir fühlen uns getrennt von allem, fühlen uns einsam, wir machen uns Gedanken, ob wir genug Geld haben oder ob wir den richtigen Job haben, fühlen Zweifel, oft auch Chaos oder Verwirrung, haben Verlustängste. Es kann sein, dass du nicht schlafen kannst oder darüber nachdenkst, was an deinem Partner so schlecht ist, dass du ihn doch verlassen willst. Oder du hast Angst, dass er dich verlässt oder betrügt. Also alles negativ, belastet, kritisch, du verurteilst oder lästerst usw.

Ich will nicht sagen, dass dieser Zustand schlecht ist, er ist einfach so, und es sind alles Anzeichen, dass du eben nicht in deiner Mitte bist und dass du nicht mit deinem Herzen in

Verbindung bist und dass du gerade vor etwas wegrennst oder dich versuchst abzulenken. Es ist ein Zeichen, dass du dich gerade nicht um die Blumen deines Liebesgartens kümmerst und dass deine Liebesquelle wahrscheinlich gerade zu ist. Und alle diese Hinweise wollen dir nur helfen, dass du wieder in deine Mitte kommst, dass du wieder in die Herzensliebe kommst. ☺ Um aus dem Kopfzustand zu kommen und in die Herzensliebe zu kommen, musst du in dein Herz gehen. Und aus dem Herzen lieben.

Du kannst mit deinem Kopf planen,
aber du kannst mit deinem Kopf nicht lieben.

Die nächste Frage ist dann: Ja, wie kommt es, dass wir überhaupt in den Kopfzustand geraten? Und wie kommt es, dass wir aus der Herzensliebe fallen? Dies geschieht immer dann, wenn etwas passiert, was du nicht verarbeiten konntest, wolltest oder was du nicht verstanden hast. Oder wenn du nicht nach deinem Herzen reagiert oder gehandelt hast. In dem Moment, in dem du nicht das gemacht hast, was dir der Liebesgärtner gesagt hat, hast du es untergedrückt und es wirkt nun im Unterbewusstsein. ☺ Und dieses Wirken im Unterbewusstsein hält dich davon ab, wirklich ruhig sein zu können, Frieden zu fühlen und eben lieben zu können. Denn das Unterbewusstsein ist wie ein kleines Kind, und wenn du ihm nicht zuhörst, wird es lauter.

Ein Beispiel: Ein Vater sitzt zu Hause auf dem Sofa und liest Zeitung. Da kommt die kleine Tochter und möchte dem Vater freudig etwas erzählen: »Papi, Papi, ich muss dir etwas

sagen.« Der Vater sagt nur schroff: »Ich lese jetzt Zeitung.«
Der Vater ist total gestresst, hatte Probleme bei der Arbeit,
seine Gedanken drehen sich nur um den neuen doofen Chef
und ob er wohl den Job künden soll. Auch seine Frau versteht
er im Moment nicht, da sie sich irgendwie komisch verhält.
Er will jetzt einfach in Ruhe Zeitung lesen, damit diese Gedanken und Probleme einfach mal weg sind. Die kleine Tochter will das Schöne aber unbedingt erzählen und sagt dann
einfach lauter: »Papa, Papa, ich muss dir etwas erzählen.«
Der Vater sagt genervt: »Jetzt nicht.« Er braucht ja jetzt Ruhe.
Er denkt, er brauche Ruhe von seiner Tochter, doch eigentlich
braucht er Ruhe von seinen Gedanken und quälenden Sorgen.
Daraufhin fängt das Mädchen an zu schreien: »Papa, ich
muss dir etwas erzählen!« Und der Papa reagiert nicht. Dann
reißt die Tochter dem Vater einfach die Zeitung aus der Hand,
und der Vater wird total sauer und schreit seine Tochter an.
Die Tochter fängt an zu weinen und rennt zur Mutter. Und
daraufhin fangen Vater und Mutter an zu streiten.

Das ist etwas Alltägliches und passiert oft. Es hat damit zu tun,
dass der Vater nicht merkte, dass er gerade total im Kopfzustand
war. Und er wusste auch nicht, wie er mit dem Liebesgärtner
reden konnte. Der Liebesgärtner hätte ihm nämlich helfen
können, wieder in die Herzensliebe zu kommen. Sobald der
Vater in der Herzensliebe gewesen wäre, hätte er sich gefreut
über die freudige Nachricht der Tochter.

Das Ganze hätte auch so ablaufen können: Der Vater kommt
von der Arbeit nach Hause, bemerkt sein Gedankenkarussell,
fühlt seine Sorgen und Zweifel und entscheidet sich, den

Liebesgärtner um Rat zu fragen. Der Vater geht in sein Zimmer und nimmt sich zehn Minuten Zeit für sich, um seine innere Unruhe und seine quälenden Fragen zu klären. Er setzt sich hin, legt seine Hand aufs Herz, atmet tief ein, fühlt sein Herz und stellt nun seinem Herzen, seinem Liebesgärtner, die Fragen, welche ihn quälen. »Liebesgärtner, ich fühle mich gerade besch..., mich nervt der Chef, und ich weiß nicht, was los ist mit meiner Frau.« Er erzählt dem Liebesgärtner alles, was ihn gerade belastet. Danach erinnert er sich, dass er ja den Liebesgärtner für alles um Rat fragen kann, und fragt: »Liebesgärtner, soll ich diesen Job künden?« Und der Liebesgärtner antwortet ihm. Er fragt weiter: »Wie soll ich mich meinem Chef gegenüber verhalten?« Und wieder antwortet der Liebesgärtner klar, deutlich und einfach. »Was ist mit meiner Frau los? Was braucht sie, was fehlt ihr?« Und auch da hat der Liebesgärtner die Antwort. Durch die Antworten kriegt der Mann mehr Klarheit, wird viel ruhiger, er spürt seine innere Ruhe und seinen inneren Frieden wieder mehr. Und er fühlt, wie er sich entspannt und wie er langsam wieder aus dem Kopfzustand in die Herzensliebe kommt. Danach geht er ins Wohnzimmer und liest Zeitung, er ist innerlich viel gelassener und das Gedankenkarussell hat auch aufgehört. Seine süße Tochter kommt hereingestürmt und sagt: »Papi, Papi, ich muss dir etwas erzählen.« Der Vater legt die Zeitung für einen Augenblick auf die Seite, gibt seiner Tochter einen Kuss und sagt: »Ja, was denn?« »Papi, Papi, ich habe einen Schmetterling gesehen!«, sagt die Tochter und strahlt übers ganze Gesicht. Der Vater strahlt gleich mit und sagt: »Das ist ja toll!« Und schon rennt die Tochter wieder nach draußen, da sie noch mehr Schmetterlinge anschauen will.

Unsere Emotionen, unsere Gedanken (Sorgen, Zweifel) und unsere Beziehung brauchen nur Aufmerksamkeit. Wir brauchen nur innezuhalten, hinzuschauen und hinzuhören – und schon löst es sich. Denn sie haben alle nur eine Botschaft, einen Hinweis, eine Antwort für uns.

Wenn wir still werden, wenn wir uns einen Augenblick für uns nehmen, wenn wir unseren Gedanken, Emotionen, Konflikten, Bedürfnissen Raum geben, kommen wir ins Herz und in die Herzensliebe. Und wenn wir in der Herzensliebe sind, dann können wir genießen und harmonische Beziehungen erschaffen. Wir können Streit vermeiden und die Früchte einer Beziehung genießen.

Du kannst keine Liebe finden,
wenn du das Herz ignorierst.

Neins

Das Nein ist eine Schlingpflanze und kann, wenn sie zu groß wird, die Beziehung oder die Liebe in der Beziehung erwürgen und ausschalten. Das wollen wir ja nicht. Man kann die Nein-Schlingpflanze jedoch superschnell auflösen. ☺

Eines der wichtigsten Dinge in einer Beziehung ist, dass du ein Ja zu deinem Partner hast. Wenn du ihn frisch kennenlernst, hast du natürlich einfach ein Ja zu ihm, bist einfach offen für ihn. Mit der Zeit, wenn er dich verletzt, dir deine Wunden zeigt, sich nicht deinen Erwartungen und Konzepten entsprechend verhält, fängst du an, ein Nein zu entwickeln. Diese Neins fühlen sich wie kleine Knoten an, welche in der Aura schweben, sie sind wie verschlossene Türen, durch welche deine Liebe zu deinem Partner nicht mehr fließen kann. Und dein Partner spürt unbewusst deine Neins und kommt auch immer mehr zu einem Nein. Sobald du ein oder mehrere Neins hast, werdet ihr auch auseinanderdriften.

Es heißt nicht, nie nein zu ihm zu sagen. Wenn ein Nein aus dem Herzen kommt und einfach eine Grenze darstellt, ist es o.k. Es geht hier um die Neins, welche dich verschließen, welche du aus Angst oder ungelösten Emotionen aufbaust.

In einer meiner Beziehungen zu einem tollen Mann ☺ hatte ich dieses Nein gaaanz stark gespürt. Sobald ich ein kleines Nein zu ihm, zu unserer Beziehung fühlte oder hatte, hatten wir sofort Zoff. Und egal, was wir taten, es hörte nicht auf. Es war unglaublich, ich verstand es nicht, weil wir beide versuchten, uns anzunähern. Bis ich dann in der Meditation dieses Nein »ent-deckt« habe. Er hatte sich auf eine Art verhalten, die mich verletzt hat, er war kalt und hart mir gegenüber gewesen, als seine Kumpels da waren. Anstatt ihm zu sagen, dass mich das verletzt, wenn ich ihn kalt erlebe, oder dass ich Angst habe, wenn ich ihn so kalt erlebe, habe ich nix gesagt und daraus ein Nein kreiert. Ein Nein zu ihm. In der Meditation fühlte ich dieses Nein, fühlte hinein und nahm den Schmerz von diesem Abend wahr. Ich fühlte ihn, umarmte ihn und erlaubte, dass es heilte. Ich sah dann, dass auch mein Vater sich mir gegenüber manchmal kalt verhalten hat und dass dieser Schmerz schon alt ist und mein Partner ihn mir nur gezeigt hat. Ich habe ihm und mir und meinem Vater dann verziehen und dieses Nein wieder in ein Ja verwandelt. Wow. Kaum hatte ich die Meditation beendet, rief mein Partner mich an, ganz nett, ganz verändert. ☺ Und von da an hatten wir wieder Frieden und viel Liebe zu teilen. ☺

Es ist sehr verblüffend, wie schnell sich unsere Umwelt wie auch unsere Mitmenschen verändern, wenn wir nur den Fokus oder die Intention verändern.

Wenn du jetzt ein sehr, sehr starkes Nein zu deinem Partner hast, dann überlege dir, dich zu trennen. Fühle gut in dein Herz, ob es eine Trennung möchte. Denn ich sage immer, jeder Mensch verdient einen Partner, der ein Ja zu ihm hat, der ihn will. Wenn du im Nein bleiben willst, dann trenne dich lieber. Ja oder Trennung. In einer Beziehung zu sein, in der der Partner ein Nein zu einem hat, ist nicht schön, und das hat niemand verdient.

Wenn du bereit bist, dein Nein und deinen Widerstand anzuschauen sowie deine Neins wieder in Jas zu verwandeln, dann hilft dir diese Übung.

Setze dich hin und fühle in dich hinein, atme tief. Du darfst so sein, wie du bist … Nun fühle deine Neins zu deinem Partner … Wie viele Neins hast du zu deinem Partner?

Nimm die erste Zahl, welche du hörst oder fühlst. Fühle alle diese Neins und fühle, wie groß sie sind. Gut, sehr gut. ☺

Nun, bevor wir diese Neins auflösen und wieder in Harmonie bringen, musst du wissen, dass diese Neins dich nur aufhalten, etwas loszulassen, etwas zu heilen, etwas zu transformieren. ☺ Also: Jedes Nein ist ein Wachstumspotenzial, was du versäumt hast, anzuschauen, zu heilen sozusagen. Oder du warst damals nicht fähig es auszupacken. Also sieh es als eine Chance, zu wachsen und zu lieben. Gut, nun machen wir weiter.

Fühle wieder in dein Herz und atme, atme tief. Nun bitte darum, dass sich dir das erste Nein zeigt. Fühle es und schaue es an. Schaue, was es dir sagt oder zeigt. Wahrscheinlich zeigt es dir ein Erlebnis oder Verhalten von deinem Partner, welches dir nicht gefiel oder ein Leiden in dir ausgelöst hat. Schaue dir

an, was dein Partner eigentlich wollte, was du eigentlich wolltest … Sag ihm oder dir: »Ich erlaube, dass
er so ist, wie er ist.« Und fühle den Schmerz. Was darf
er und was darfst du auch? Bitte deine Engel, dich zu
unterstützen, erlaube es, vergib dir und vergib ihm.
Lass dir Zeit, bis es sich ganz löst und heilt.

* Dann schaue das zweite Nein an, bitte darum,
dass es sich dir zeigt und vor dir »ent-faltet« … Was
hat dein Partner getan oder wie hat er sich verhalten?
Und was hat das in dir ausgelöst? Was wollte er eigentlich, und was wolltest du eigentlich? Verstehe
es, erlaube es, verzeihe dir und verzeihe ihm, erlaube, dass es sich löst.
Nun schaue dir das dritte Nein an, was ist da geschehen? Was wollte dein Partner eigentlich tun
oder dir zeigen? Was zeigt oder wobei hilft dir das?
Erlaube, dass es passiert ist, erlaube, dass der
Schmerz sich löst und transformiert, sieh es an, verzeihe dir und verzeihe ihm, es ist o.k. Fühle, wie du
es loslässt und wie du dich wieder öffnest und ein
Ja hast.

Nun mache weiter bei *, bis du alle Neins aufgelöst
und geheilt hast. Wenn du mit deinem Partner schon
seit zehn Jahren zusammen bist, kann es sein, dass
du 60 Neins hast. Nimm dir die Zeit und schaue sie
dir alle an. Du machst dies nicht nur für die Beziehung, sondern vor allem für dich und dein Herz, damit es sich wieder öffnen und lieben kann. ☺

Der häufigste Trennungsgrund in Beziehungen mit rund 70 Prozent ist, dass sich die beiden auseinandergelebt haben. Das bedeutet, sie haben eine so große Mauer zwischen sich errichtet, welche sie nicht mehr durchbrechen konnten. So viele Neins entstanden, dass sie den Weg zueinander nicht mehr fanden und anfingen, alleine zu leben.

Verurteilen

Das Unkraut »Verurteilung« ist ein bisschen heimtückisch, denn es schleicht sich oft wie ein fieser Regenwurm in den Garten, ohne dass wir es merken, und frisst die Wurzeln der schönen Liebesblumen von unten ab. Also sei wachsam, damit du es erwischst und stoppen kannst.

Verurteilen tun wir alle bewusst, oft auch unbewusst. Es ist menschlich, und es ist ganz normal. Jeder tut es! Es ist einfach von Vorteil in einer Beziehung oder auch sonst im Leben, wenn du dir dessen bewusst bist und weißt, weshalb du es tust. Verurteilen heißt eigentlich zu sagen, etwas sei schlecht. Du denkst, es ist deiner nicht würdig, und du verschließt dich für eine Sache. Eigentlich benutzt du ein Urteil, um dich für etwas zu verschließen und um es abzulehnen – seien es deine eigenen Gefühle und Lektionen oder auch dein Partner. Oftmals zeigt unser Partner uns eine Lektion oder etwas, wo wir noch ein Lern- oder Liebespotenzial haben, es ist aber unangenehm, es zu lernen, also verurteilen wir lieber die Person. Von wegen: »Ach, er ist immer so und so …« Dabei stimmt es oft gar nicht. Um zu sehen, ob die Verurteilung stimmt, und um ihr die Kraft zu nehmen, kenne ich zwei gute Methoden. Und ich stelle sie dir nun vor. ☺

1. Dein Partner ist ein Gott oder eine Göttin.

Egal, wie lange du schon mit deinem Partner zusammen bist, egal, wie oft er dich schon verletzt hat, egal, was du alles an ihm verurteilst … Er ist immer ein Gott! Er ist immer heilig! Er ist immer ein Star! Er ist ein Herkules oder eine Aphrodite! Er ist immer dein Lehrer! Dein Partner ist heilig, er ist wunderbar, wunderschön und göttlich, immer, egal, was er tut, und egal, wie er dich behandelt. Nö, findest du nicht? Aha, und was verurteilst du denn an ihm? Welche Eigenschaft nimmst du als Krücke, um dich nicht für ihn zu öffnen? Lass es! Er ist perfekt, so wie er gerade ist. Kümmere dich nur um deine Bedürfnisse und erlaube ihm zu sein, wie er ist, zu wachsen, wo er wachsen mag, zu lernen, was er lernen mag. Sieh seine Seele, sein Potenzial, seine Größe. Sieh ihn als den, welchen du kennengelernt hast am Anfang, in welchen du dich verliebt hast am Anfang. ☺

Fühlst du einen Widerstand? Dann fühle ihn, dort ist die Wurzel. Fühlst du Wut, Verletzung, Trauer, Widerstand, Schmerz? Dann fühle sie. Sie haben nichts mit deinem göttlichen Partner zu tun. Sie sind in dir und wollen von dir befreit werden. ☺ Du bist verantwortlich für die Gefühle in dir, egal, wie oder wann sie entstanden sind oder ausgelöst wurden. ☺

2. Dein Partner ist unschuldig.

Ja, dein Partner ist immer, immer, immer, immer, immer unschuldig. Du denkst jetzt vielleicht: ›Waaaaaas?!‹ Also wenn er so und so ist und das und das gemacht hat, das geht ja gar nicht! Aha, finde seine Unschuld. Jeder Mensch ist immer in jeder seiner Taten unschuldig – und dein Partner sowieso. Wie ich darauf komme? Ich erkläre es dir.

Jedes Mal, wenn mich ein Mensch verletzt hat (oder mir eine Wunde oder ein Lernpotenzial gezeigt hat), habe ich angefangen zu forschen. Anstatt mich um meinen Schmerz und mein Leid zu kümmern, habe ich zuerst geforscht. Ich wollte wissen, wie ein Mensch dazu kommen kann, mich so gemein zu behandeln. Wie ist das möglich? Schließlich kommen wir alle aus der Liebe. Durch meine Hellsichtigkeit und den Kontakt zu den Engeln ist es mir möglich zu erforschen, wie es zustande kommt, dass ein Mensch so oder so ist. Und so sah ich, dass, immer wenn ein Mensch etwas tut, was ich als gemein empfinde, er Ähnliches oder noch viel Schlimmeres erlebt hat. Und als er das Schlimme erlebt hat, hatte er niemanden, der ihn getröstet oder der ihm gesagt hätte, wie er den Schmerz heilen kann. Im Gegenteil, er wurde noch verstoßen. Wie kann ich böse sein auf ein weinendes Kind, das mich aus Verzweiflung schlägt? Ich kann nicht. Auch wenn mir der Schlag wehgetan hat, ich umarme das Kind, versuche, es zu trösten, und heile meine Wunde zugleich, indem ich meine Liebe dorthin fließen lasse. Ich habe dies mit unzähligen Menschen erforscht, und immer kam das Gleiche heraus: Er ist unschuldig, sie ist unschuldig … Sie können nichts dafür, dass sie diese Erfahrung gewählt haben. Und du auch nicht. Verantwortung anstatt Verurteilung. Du hast es so gewählt, immer. Und der andere ist immer unschuldig, niemals Täter. Und du bist immer Schöpfer, niemals Opfer. Das ganze Opfer-Täter-Schuld-Spiel ist alles nur ein Davonlaufen vor seinen Schmerzen, Leiden, Lektionen und Emotionen.

Siehst du das Spiel? Du brauchst es nur zu durchschauen. ☺ Wir urteilen zum Beispiel: »Mein Partner ist immer so unordentlich.« Gut, und jetzt bist du das Opfer und dein Partner der unordentliche Täter. Er quält dich mit seiner Unordnung, ja? ☺ Du bist so ein armes und schwaches Opfer, dass du gar nichts machen kannst. Hihi, ist das nicht lustig? ☺

Also als Erstes: Du bist Schöpfer und hast dir einen unordentlichen Partner gewählt. Jetzt ist die Frage jedoch: Ist er wirklich unordentlich? Oder bist du unordentlich und er spiegelt es dir? Oder ist es ein Zeichen, dass ihm etwas fehlt? Oder ist er gerade am Lernen? Schau, wir verurteilen so schnell. Aber kannst du dir sicher sein, ob es wirklich so ist? Ich glaube nicht.

Also gehe ins Schöpferbewusstsein. Sei der Gott, der du bist, und übernimm Verantwortung. Das heißt, fange zuerst mit deinen Gefühlen an. Wie fühlst du dich, wenn dein Partner unordentlich ist? Wie hat dich deine Mutter behandelt, wenn du unordentlich warst? Konnte sie deine Unordnung lieben? Schau: Egal, was dich stört an deinem Partner, es geht nie um ihn. Es geht immer um dich.

Schreibe alles auf, was dich an deinem Partner stört.

_____

_____

_____

*Schreibe alles auf, was du
an deinem Partner verurteilst.*

_____

_____

_____

Und nun versuche, alles, was dich an ihm stört und was du verurteilst, in dir zu lieben. Schaue den Teil in dir an, der auch so ist, und umarme ihn. Alles, was du oben aufgeschrieben hast, zeigt dir, wo dein Liebespotenzial ist! ☺ Ist das nicht toll? ☺ Das Unkraut »Verurteilung« zeigt dir, wo du noch mehr lieben kannst! Wow!

Wenn du wieder verurteilst – und du wirst es das ganze Leben lang tun, da du das ganze Leben lang

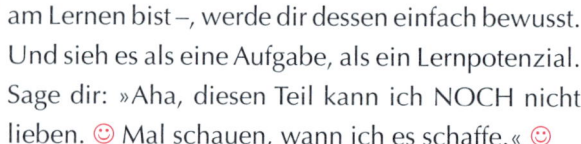

am Lernen bist –, werde dir dessen einfach bewusst. Und sieh es als eine Aufgabe, als ein Lernpotenzial. Sage dir: »Aha, diesen Teil kann ich NOCH nicht lieben. ☺ Mal schauen, wann ich es schaffe.« ☺

Dein Partner, dein Kind, dein Chef, deine Eltern, alle sind immer unschuldig. Sobald du das so siehst, kommst du an die Emotionen, welche du versuchst, zu verstecken oder zu unterdrücken mit der Verurteilung. ☺ Sobald du siehst, dass sie unschuldig sind, kannst du nicht länger auf sie projizieren und bist konfrontiert mit dem, was du gerade lernst und was gerade unangenehm ist. ☺

Wenn es geht, rede auch nicht schlecht über die Menschen, die du liebst. Wir verurteilen oft die muslimische, die islamische Kultur. Ich habe ein paar Menschen aus dieser Kultur kennengelernt, mit ihnen gelebt und ich durfte etwas von ihnen lernen oder mir abschauen, was ich total schön finde. Sie dürfen nicht schlecht reden, über niemanden. Und ich habe selten gesehen, wie sie jemanden verurteilen oder sich ganz für jemanden verschließen. Und das ist total schön, denn es nimmt gleich die Versuchung, über jemanden zu urteilen. Wenn du nicht schlecht über jemanden reden kannst, dann lässt du das Urteilen auch eher sein. ☺ Und dann bist du immer offen für die Person.

Nicht verzeihen können

Nicht verzeihen zu können ist ein Unkraut, an das sich ein paar Menschen klammern. Aber man lässt es besser los, dann fliegt es schnell weg. Wir wollen es jedoch oft festhalten und nicht verzeihen, weil wir wütend sind, gewisse Emotionen noch nicht »ausge-drückt« haben oder weil wir unseren Partner bestrafen wollen. Oder weil wir Angst haben, ihm wieder näherzukommen.

Verzeihen

Verzeihen ist eine weitere Form, um Nähe zu kreieren. Mangelndes Verzeihen und das Festhalten an alten Wunden und Schmerzen ist ein Unkraut, das das Herz verschlossen hält. Genauer gesagt ist Verzeihen ein Loslassen. Es ist das Loslassen einer festgebackenen Emotion oder Erwartung. Du fühlst dich wütend oder verletzt, weil dein Partner irgendetwas getan oder gesagt hat. Es geht aber nicht darum, was oder warum er es gesagt oder getan hat. Es geht nur darum, was du gerade fühlst. Erlaube dir, gerade wütend, traurig, verletzt, stinkig, zickig oder am Nörgeln zu sein. Jedoch richte es nicht auf deinen Partner. Gehe besser in dein Zimmer, fühle

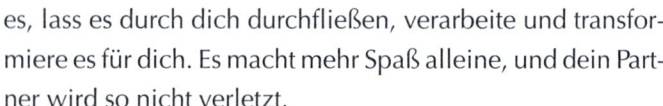

es, lass es durch dich durchfließen, verarbeite und transformiere es für dich. Es macht mehr Spaß alleine, und dein Partner wird so nicht verletzt.

Übung 1

Diese Übung habe ich von Osho, und sie ist einfach toll. ☺ Du setzt oder stellst dich hin und babbelst einfach vor dich hin. Du sagst alles, was du sagen möchtest, in den Worten oder Lauten, die gerade kommen. Du kannst dir auch vorstellen, dass dein Partner oder die Person, auf die du gerade sauer bist, vor dir steht. Dann stellst du dir vor, wie du es ihr sagst. Eine super Übung, um angestaute Emotionen loszulassen und zu transformieren. Ich würde sie immer machen, wen dir etwas nicht gefällt an deinem Partner.

Übung 2

Fühle deine Emotionen. Erlaube dir, das zu fühlen, was du gerade fühlst. Alles ist o.k., und alle Emotionen gehören einfach dazu. Ich liebe deine Wut, ich liebe deinen Schmerz, ich liebe deine Unzufriedenheit, ich liebe deine Trauer, ich liebe dein Nörgeln – liebe du sie auch. Umarme sie und erlaube, dass sie sich durch dich hindurchwaschen. Gehe richtig tief in die

Emotionen – auch wenn es sich erst unangenehm anfühlt – und erfahre sie ganz. Nach einer Weile wird das Gefühl oft stärker, größer und unangenehmer, und danach löst es sich auf oder verwandelt sich in Liebe und Freude. ☺

Dann habe ich noch zwei Übungen, welche dir helfen können zu verarbeiten, was dein Partner gerade in dir hochgebracht oder dir gezeigt hat. Das sind die Frieden-in-Beziehungen-Übung und die Innere-Frieden-Übung. Du kannst sie über diese E-Mail-Adresse bestellen: lena@lena.ch

Sobald du verarbeitet und transformiert hast, was dir dein Partner gerade gespiegelt hat, fällt es dir leichter, ihm zu verzeihen, wieder auf ihn zuzugehen, dich für ihn zu öffnen und Nähe zu erschaffen. ☺ Juhhaaa. ☺

Ich kenne Paare, welche sich schon über vier Jahre lang etwas nicht verziehen haben. Also bitte, das geht gar nicht! Die sind seit vier Jahren auf Distanz. Wisst ihr, wie das Herz darunter leidet? Extrem! Du musst dich deinem Schmerz immer und immer wieder stellen und immer, immer wieder bereit sein, zu heilen, zu verzeihen und zu vergeben. Wenn ein Partner zum Beispiel fremdgeht, kannst du nicht einfach drei Jahre lang sauer auf ihn sein. Verzeihen hat sehr viel mit Verantwortung zu tun. Wenn etwas passiert, egal, wie schmerzvoll oder schlimm es scheinen mag, haben beide immer 50 Prozent Anteil daran. Und es liegt an beiden, diesen Schmerz, dieses Ereignis zu heilen und sich zu fragen: »Wow, das tut weh, was

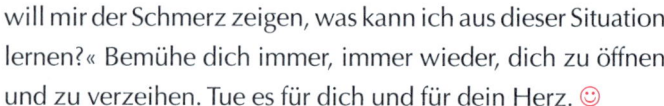

will mir der Schmerz zeigen, was kann ich aus dieser Situation lernen?« Bemühe dich immer, immer wieder, dich zu öffnen und zu verzeihen. Tue es für dich und für dein Herz. ☺

Wenn du an Schmerz festhältst und nicht verzeihst, bleibst du verschlossen und kannst all die Liebe und die Geschenke, welche dein Partner dir jeden Tag gibt, nicht annehmen. Das ist doch schade! Dein Partner will dich immer nur lieben und dich weiterbringen, gar nix anderes. Wenn er dich verletzt oder dir eine Wunde zeigt, dann nur weil er nicht anders kann, gerade herausgefordert ist, selber verletzt ist oder um dir etwas beizubringen.

Ich möchte dir noch erzählen, wie ich das Verzeihen gelernt habe. Das habe ich nämlich von den Argentiniern und den Spaniern gelernt. Mein Ex-Freund ist Argentinier, und ich habe eine Weile mit und unter Spaniern gelebt. Wir in der Schweiz/in Deutschland denken, dass wir eine Schwäche zeigen, wenn wir uns entschuldigen oder sagen, dass wir nicht recht haben, sondern der andere. Aber das stimmt nicht. Die Spanier und allgemein die Latinos sagen total schnell: »Verzeih mir, das tut mir leid.« Und es ist völlig egal, wer was gemacht hat, wer schuld ist oder was auch immer. Die Spanier allgemein sind sehr bemüht, in Verbindung zu sein und zu bleiben. Ihnen ist es wichtiger, dass der andere sich gut fühlt und verbunden ist, als im Recht zu sein oder besser dazustehen. Das gefällt mir sehr, und es hilft dem Herzen total, offen zu bleiben. In ihrer Sprache, im Spanischen, hat das Wort »Entschuldigung« auch eine andere Bedeutung. Wir sprechen von Schuld und »sich ent-schuldigen«, es bedeutet, sich von Schuld reinzuwaschen, dabei wissen wir, dass ja niemand wirklich Schuld hat, es passiert eben einfach. Im Spanischen sagen sie einfach »lo siento«, was wörtlich übersetzt heißt: »Ich fühle es.« Einfach »ich fühle es«. Ich fühle deinen Schmerz, deine Trauer, deine Wut, ich fühle mit dir. Es ist so wunderschön, denn darum geht es doch. Wenn ich jemanden verletze oder ihm seine Wunde oder sein Thema zeige, passt es doch super, wenn ich einfach sage: »Verzeih mir.« Egal, ob es meine »Schuld« war oder nicht. Egal, ob ich das jetzt mit böser Absicht gemacht habe oder ob ich dem Gegenüber nur helfen wollte. Es ist egal. Wenn der andere verletzt ist, dann projiziert er seinen Schmerz auf dich, macht dich zum Sündenbock und verschließt sich somit dir gegenüber auch. Wenn du dann die Sündenbockverkleidung nicht annimmst und einfach sagst »es tut mir leid« (mit der Schwingung von »ich fühle es«, weil es ja wahrscheinlich nichts mit dir zu tun hat) – dann kann dein Gegenüber seine Projektion aufgeben (sein Schutzschild), den Schmerz fühlen und loslassen, sich wieder für dich öffnen und schon habt ihr wieder Nähe und seid verbunden, und du kannst ihm helfen, darüber hinwegzukommen! ☺ So einfach. ☺

Also verzeihe, immer und jeden Tag. Verzeihe deinem Partner immer und sage ihm oft: »Es tut mir leid, bitte verzeih mir, ich liebe dich.« Ich und mein Partner sagen es uns meistens ein Mal am Tag. Denn der Kopf und die Angst verurteilen so oft und schaffen so Distanz. Und wenn dein Partner sagt: »Verzeih mir, es tut mir leid …« Dann fällt es dir leichter, deine Verurteilung loszulassen und dich wieder zu öffnen. ☺ Du kannst dann dein Herz öffnen und die Liebe wieder zum Fließen bringen. ☺

Missverständnisse in Beziehungen

Das nächste Unkraut sind die Missverständnisse über Liebe, über Beziehungen. Und wenn wir denken, dass dieses Unkraut die Wahrheit ist, dann verhindert dies, dass die Liebe und das Wasser zu den Blumen fließt. So können die Blumen dann nicht wachsen.

Während ich dieses Buch schreibe, merke ich, dass ich immer wieder an Widerstände oder Zweifel komme, dieses Buch zu schreiben. Ich fühle jedoch im Herzen, dass es ganz wichtig ist, und schaue mir diese Zweifel einmal genauer an. Ich gehe diesem Zweifel nach, um zu schauen, woher er kommt, und so finde ich einige Missverständnisse, die wir Menschen haben und die auch im kollektiven Bewusstsein gespeichert sind. Wir denken dann, dass sie stimmen. Ich teile sie nun mit dir, damit du sie erkennen und dich davon lösen kannst, damit du sehen kannst, wie es wirklich ist.

Ich schreibe die Missverständnisse wie einen Vorwurf auf und schreibe darunter, wie ich es sehe.

Eine Beziehung ist dann erfolgreich, wenn sie möglichst lange dauert.
Das denken wir und schenken den Paaren, die lange Zeit zusammen sind, viel Anerkennung. Und die Menschen, die

nur kurze Beziehungen haben oder immer wieder den Partner wechseln, bezeichnen wir als unsozial, beziehungsunfähig, unreif usw. Also erst einmal sollte man jeden Menschen schätzen für das, was er ist, sein Licht, seine Liebe, seine Seele, sein Herz, eben einfach ihn oder sie. Egal, was er oder sie tut oder hat. Es ist meistens so, dass die Männer sich mit ihrem Beruf identifizieren und Frauen mit ihren Beziehungen. Wenn ein Mann seinen Job verliert, sieht er das als Niederlage an, und wenn eine Frau verlassen wird oder eine Beziehung anscheinend nicht erfolgreich ist, da sie nicht das ganze Leben dauert oder sie nicht heiraten oder keine Kinder haben, kein Auto, kein Haus, dann empfindet sie das als Niederlage. Zum Glück muss es überhaupt gar nicht so sein. ☺ Also: Wir denken, dass eine Beziehung dann erfolgreich ist, wenn sie möglichst lange dauert. Falsch! Es gibt Paare, die sind lange zusammen, leben aber total distanziert voneinander, streiten oft und es fließt wenig bis keine Liebe – und beide Herzen leiden. Sie bleiben jedoch zusammen, weil man ja zusammenbleiben soll. Das bringt nichts. Für niemanden! Wenn dein Herz nicht glücklich ist, bringt es niemandem etwas, nicht deinen Eltern, nicht deinen Verwandten und deinen Freunden auch nicht. Das Gegenteil ist, wenn du dich nie auf einen Partner einlässt, dein Herz nie für einen Partner öffnest und so nur kurze und immer wieder wechselnde Beziehungen eingehst. Da leidet das Herz auch, denn da fließt auch oft keine Liebe. O.k., wenn das beides nicht geht, wie dann? Es ist ganz simpel: Eine erfolgreiche Beziehung ist es dann, wenn sie immer ihrem Herzen folgt und ihren Partner seinem Herzen folgen lässt. Nur das. Wenn beide ihrem Herzen folgen und beide sich gegenseitig erlauben, ihrem Herzen zu folgen. Das heißt: Jeder erfüllt seinen Lebensplan und hilft dem anderen dabei, seinen Lebensplan zu erfüllen.

Es kann sein, dass beide Herzen total glücklich miteinander sind und sie beide gemeinsam ihre Lebenspläne erfüllen können. Es kann sein, dass sie aneinander wachsen und miteinander lernen und so immer weitergehen. Es kann aber auch sein, dass beide Herzen nur zusammenkommen, um ihre Geschenke auszutauschen, also voneinander zu lernen. Und sobald sie es getan haben, widmen sie sich wieder etwas anderem. Dann kann die Beziehung zwei Wochen dauern oder ein Jahr oder vier Jahre – und ist dann wieder vorbei. Und wenn eine Beziehung auseinandergeht, kann man auch einfach sagen: »Wir sind durch, wir haben es vollendet.« Es ist wie eine bestandene Prüfung. Es gibt auch Paare, die sich trennen, obwohl die Herzen und der Lebensplan noch zusammenbleiben wollen, dann ist es nicht gut für das Herz und es leidet sehr. Wenn das Herz leidet, lenken wir uns ab, flüchten uns in Arbeit, Drogen, Fernsehen, Handy, Internet usw. Also eine Beziehung ist dann erfolgreich, wenn du deinem Herzen folgst, egal, wie lange sie dauert, egal, wer sie beendet und wie. Es zählt immer nur, ob du glücklich bist oder gerade etwas lernst.

Auch wenn du gerade nicht glücklich bist mit deinem Partner, ist das kein Zeichen, dass dein Herz ihn nicht mehr möchte. Es kann auch sein, dass ihr gerade eine Lektion lernt. Deshalb ist es so wichtig, mit dem Herzen zu entscheiden und zu fühlen. Denn das Herz weiß alles und sagt dir, wann eine Beziehung beendet ist und wann nicht. Und das Herz verrät dir auch, wie du wieder glücklich wirst mit deinem Partner. ☺

Du bist beziehungsunfähig, weil du viele Partnerwechsel hast oder nicht viele Freunde hast.

Das wird einem oft vorgeworfen, und viele Menschen lassen sich davon beeinflussen. Und so bleiben sie in Freundschaften, die ihnen nicht guttun, oder in Partnerschaften – nur um diesem Bild zu genügen. Aber auch in einer Freundschaft gilt: Sie geht so lange, wie sie dir guttut. Sie geht so lange, wie dein Herz und deine Seele es wünschen. Es kann sein, dass dich eine Freundin oder ein Kumpel über längere Zeit bereichert, ihr zusammen genießen oder wachsen könnt. Es kann aber auch sein, dass es irgendwann nicht mehr passt. Du fühlst es in deinem Herzen, und du kannst es fragen: »Möchtest du dich mit ihr treffen? Möchtest du mit ihr befreundet sein?« Das Herz weiß es meist ganz klar und sagt deutlich ja oder nein. Wenn ein Nein kommt, dann lass es einfach. Auch wenn er oder sie dich ständig sehen will oder wenn sich die Clique eben trifft. Dein Herz kennt dich sehr gut und weiß, was dir wirklich guttut. Und wenn es dir von etwas abrät, dann lass es. Denn wenn du dich mit Menschen oder Freunden umgibst, welche dir nicht guttun, verschließt sich dein Herz und du kannst weniger lieben, weniger Liebe fühlen und weniger glücklich sein.

In meinem Leben wurde mir von meinen Eltern oft vorgeworfen, ich sei nicht sozial oder ich passe mich nicht an, deshalb hätte ich weniger Freunde. Aber das stimmt nicht.

Ich folge dem Wunsch meines Herzens und nicht dem Ego oder Verstand von einem anderen Menschen. Wenn das Herz eines Menschen mich sehen will, dann fühle ich das, und wenn mein Herz ihn dann auch sehen will, dann treffen wir uns. Und wenn dies nicht so ist, dann eben nicht. Ich gehe nicht mit irgendjemandem schwimmen, nur damit ich nicht alleine bin. Und ich gehe nicht etwas trinken, wenn ich Lust habe, in die Disco tanzen zu gehen. Dann gehe ich in die Disco tanzen, und es findet sich meistens jemand, der auch Lust hat zu tanzen. ☺

Ein Beispiel: Ein Partner von mir hatte einen Freund. Es war sein bester Freund, und sie unternahmen immer mal etwas zusammen. Ich mochte seinen Freund aber nicht besonders. Eines Tages stellte ich fest, dass mein Partner jedes Mal, wenn er mit seinem Freund unterwegs gewesen war, danach kälter oder wie verschlossen war. Und auch wenn wir zu dritt oder zu viert unterwegs waren, war mein Partner immer distanziert. Wenn wir hingegen mit anderen seiner Freunde unterwegs waren, war er lockerer. Irgendwann habe ich dann mitgekriegt, wie die beiden heftig gestritten haben, und das tat seinem Herzen gar nicht gut. Irgendwann habe ich dann sein Herz gefragt, ob es diesen Freund mag und ob es mit ihm zusammen sein will – und da kam ein klares Nein. Also sagte ich ihm, dass ich das Gefühl habe, dass dieser Freund nicht so gut sei für ihn.

Oder ich hatte eine Freundin, mit der ich mich ab und zu treffen wollte, aber es ging immer ewig lange, bis wir einen Termin fanden oder bis wir uns dann tatsächlich »trafen«. Und ich fragte dann mein Herz: »Willst du mit ihr befreundet

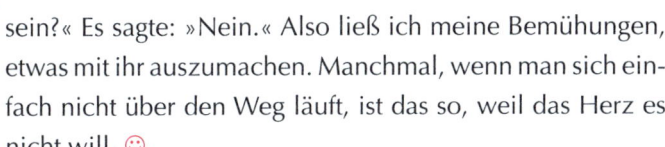

sein?« Es sagte: »Nein.« Also ließ ich meine Bemühungen, etwas mit ihr auszumachen. Manchmal, wenn man sich einfach nicht über den Weg läuft, ist das so, weil das Herz es nicht will. ☺

Du musst deinem Partner ewig treu sein.

Also »ewig« bedeutet »über den Tod hinaus«, was keinen Sinn macht, weil die Seelen oft andere Wege gehen nach dem physischen Tod. Treue finde ich ganz wichtig, jedoch muss man den Blickwinkel ein bisschen wechseln. Du sollst dir immer treu sein, deinem Herzen, deiner Intuition. Es kann sein – und das ist bei den meisten Menschen der Fall –, dass sie sich nur auf einen Partner einlassen wollen. Die meisten Herzen wünschen sich einen Partner, um in die Tiefe zu gehen. Jedoch gibt es auch Situationen, in denen das Herz spricht und sagt: »Ich möchte jetzt noch einen anderen lieben.« Und dann sollte man dem nachgeben. Es ist einfach wichtig, gut zu unterscheiden, ob es wirklich das Herz ist und man nicht vor einer Herausforderung davonlaufen möchte. Also sei dir stets treu und enge dich nicht ein mit Treueschwüren, die dein Herz einkerkern. Sei deinem Herzen treu. Mache es für dich, so wie es sich für dein Herz gut anfühlt. ☺

Du musst immer alles mit deinem Partner gemeinsam machen.

Na ja, das denken und leben wir oft so. Wenn man einer Blume allerdings zu viel Wasser gibt, dann fault sie. Es ist wichtiger in einer Beziehung, dass du deinem Herzen folgst und das machst, was dich glücklich macht, damit deine Liebesquelle schön offen bleibt. Die Kunst ist es, deinem Herzen zu folgen und gleichzeitig deinen Partner zu lieben und ihm nah zu sein – so wie ich das im Kapitel »Nähe und Distanz« erkläre. Also: Es ist ganz gut und sehr gesund, auch einmal etwas ohne deinen Partner zu machen und nicht wie siamesische Zwillinge zusammenzukleben, denn das ist keine Liebe, sondern Ablenkung vom Leben. Die Liebe will, dass du Freude hast und dein Leben genießt, und manchmal ist es toller, mit der Freundin shoppen zu gehen oder mit den Eltern alleine wandern zu gehen. Dein Partner ist ja nicht dein Schoßhund, der dich überall hinbegleiten muss. Hihi. Wenn dein Partner Ruhe braucht, gib ihm sie und freue dich, dass du Zeit hast, deine Träume zu erfüllen und etwas für dich zu tun.

Es gibt auch sonst Missverständnisse in Beziehungen, wenn du das Verhalten deines Partners einfach falsch interpretierst. Du bist dir jedoch bombensicher, dass er dich jetzt nicht mehr mag, anstatt zu schauen, was denn nun wirklich vorgeht in deinem Partner. Denn egal, was er sagt aus dem Schmerz und aus dem Kopfzustand heraus – im Herzen liebt er dich immer, IMMER. Im folgenden Kapitel möchte ich dir zeigen, wie du deinen Partner besser verstehen kannst. Es ist jedoch wichtig, dass du immer an erster Stelle kommst, also verbringe danach nicht die ganze Zeit damit, deinen Partner zu verstehen. Nur wenn du gerade sauer auf ihn bist, dich verletzt fühlst oder dich unwohl fühlst oder sein Verhalten nicht verstehst, kannst du schauen.

Es gibt den einen Partner, Seelenpartner, die Zwillingsseele
– und nur mit dem wirst du glücklich.

Ja und nein. Es gibt Menschen, die haben sich mit einem Dual oder Teil von sich selber verabredet, und denen tut es gut, wenn sie ihn treffen. Jedoch ist dies auch eine große Herausforderung. Es kann sein, dass wir den Seelenpartner treffen und ein Leben lang mit ihm zusammen sind, es kann aber auch sein, dass er nur kommt, um uns etwas beizubringen und dann wieder geht. Es gibt so viele Möglichkeiten, und wir sind alle so individuell, dass es ganz persönlich ist. Es kann sein, dass du das Alleinsein erleben möchtest, und du triffst niemanden. Es kann sein, dass du mit mehreren Partnern lernen möchtest. Was du oder deine Seele für dich gewählt hat, fragst du am besten sie persönlich – oder du fragst dein Herz. ☺ Und der Partner, den du gerade hast, ist genau der, der jetzt da sein soll und der zu dir passt. ☺

Ich möchte, dass mein Partner mehr so ist und das hat.

Ja, ja, unsere Vorstellungen, wie unser Partner sein soll, sind manchmal riesig. Aber das ist total unwichtig. Wenn du etwas brauchst, sage es deinen Schutzengeln, manifestiere es dir und erschaffe es dir in deinem Leben. Aber du solltest nicht an deinem Partner rumnörgeln oder ihn verändern wollen. Sage seiner Seele, was du dir wünschst, und lasse es los. Zu lieben heißt, den Partner anzunehmen, wie er ist. Er darf so sein, wie er ist. ☺

Wenn eine Beziehung zu Ende geht, ist es meine Schuld, ich habe etwas falsch gemacht.

Das denken wir leider oft, und daher kommt auch der ganze Trennungsschmerz. Weil wir uns selber verurteilen, es persönlich nehmen, denken, dass wir etwas falsch gemacht haben. Aber das stimmt nicht. Eine Beziehung wird meistens beendet, wenn ihr ausgelernt habt. Wenn ihr alles gelernt und erfahren habt, was ihr zusammen lernen wolltet. ☺ Also ist das Ende einer Beziehung ein Erfolg! Wie beim Abschluss einer Ausbildung kannst dich also darüber freuen. ☺ Und was auch oft Schmerzen verursacht, ist, wenn du nicht alles gelebt hast, was du eigentlich wolltest mit deinem Partner. Wenn die Beziehung dann endet, vermisst du es, weil du es verpasst hast. Also mache jetzt alles mit deinem Partner, was du schon immer tun wolltest: ihn noch mehr lieben, dich noch mehr öffnen, reisen, sexy Unterwäsche anziehen, mehr ausprobieren, Liebesbotschaften schicken, ihm sagen, was du so an ihm schätzt, usw.

Verständnis

Ver-ständ-nis: Das heißt, ich erkläre dem Verstand, wie es geht, damit er den Weg freigibt für das Herz. ☺ Denn im Herzen sind die Antworten, dort ist alles klar und du weißt alles. ☺

Dieses Kapitel ist eigentlich ziemlich logisch, und wir üben diese Inhalte auch meistens schon in Beziehungen mit unseren Freunden. Wenn sich eine Freundin oder ein Freund »falsch« (also entgegen unserer Erwartungs- oder Gewohnheitshaltung) oder anders verhält, fragen wir uns oft: »Wieso macht sie das?« Und wir versuchen mit viel Mitgefühl zu verstehen und zu fühlen, was gerade in der Person abläuft. Meistens fühlen wir, dass die Freundin gerade Stress auf der Arbeit hat und gerade zum Beispiel nicht so auf Teetrinken aus ist.

Das Wichtigste für jeden Menschen oder jedes Wesen ist, dass er/es sich selber treu ist, dass er/es seinem Herzen folgt, seinen Lebensplan lebt und seine Lektionen, welche er/es lernen will, lernt oder erfährt. Und deshalb ist es wichtig zu verstehen: Was lernt mein Partner gerade, was ist ihm gerade wichtig? Wo steht er gerade in seinem Leben? Das hilft uns oft auch dabei, Konflikte zu vermeiden, und vor allem können wir ihn so annehmen und ihm erlauben, dass er nicht alles kann, nicht alles können muss und gerade am Lernen ist. Wir können ihm einfach erlauben, etwas zu lernen – so wie wir ja auch gerade am Lernen sind. Wir sind ständig dabei, etwas oder mehrere Dinge zu lernen und zu »entwickeln«. ☺

Beim Liebsten ist es manchmal auch klar, was er gerade durchmacht oder wo er gerade im Leben steht. Oft ist es uns aber auch nicht klar. Manchmal passiert es, dass wir uns abgelehnt fühlen von unserem Partner, uns nicht geliebt fühlen, eine Distanz fühlen oder wir verstehen ihn einfach nicht, dabei lernt er gerade etwas, was uns schon lange an ihm stört. Dann brauchen wir nur Geduld zu haben, bis er es gelernt hat, und wir fühlen uns dann auch wieder wohler. ☺

Hier gebe ich dir nun ein paar Fragen, wie du dein Verständnis deinem Partner gegenüber vergrößern kannst. Denn je mehr zu ihn verstehst, sein Wesen und seinen Lebensplan, umso mehr kannst du ihn annehmen, wie er ist, und umso mehr kannst du wissen, dass du nicht der Grund für sein verändertes Verhalten bist. Und dann fließt wieder mehr Liebe. ☺

Übung

Setze dich bequem hin, atme tief ein, lege ruhige Musik ein oder mache eine Kerze an und entspanne dich. Du bist gut, wie du bist, und alles ist gut, wie es ist. Alles ist genau richtig. ☺ Während du die Fragen liest, schreibe auf, was dir als Erstes einfällt, ohne zu denken – einfach das Erste, was dir im Kopf herumschwirrt, schreibe es auf.

Was lernst du gerade im Moment?

_____

*Welche Fähigkeit bist du gerade dabei
zu »ent-wickeln«?*

_____

Was lernt dein Partner im Moment?

_____

*Welche Fähigkeiten ist dein Partner
gerade dabei zu »ent-wickeln«?*

_____

Wie lange braucht er, um diese zu »ent-wickeln«?

_____

Kannst du ihm diese Zeit geben?

_____

*Wie lange brauchst du, um deine Fähigkeiten
zu »ent-wickeln«?*

_____

*Gibt es einen Weg, wie du deinen Partner
dabei unterstützen kannst?*

_____

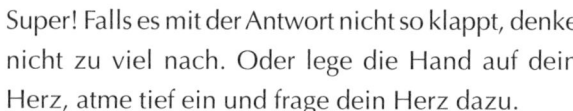

Super! Falls es mit der Antwort nicht so klappt, denke nicht zu viel nach. Oder lege die Hand auf dein Herz, atme tief ein und frage dein Herz dazu.

Nun ist es immer gut zu wissen, was die Stärken und Schwächen deines Partners sind. Nicht damit du sie verbesserst, sondern damit du ihn einfach so annimmst, wie er ist. Wenn er etwas nicht kann, ist das super in Ordnung, es ist so wichtig, dass man etwas oder mehrere Sachen nicht kann.

Was kann dein Partner?

_____

_____

Was kann dein Partner nicht?

_____

_____

Kannst du ihm erlauben, dass er das nicht kann?

_____

Was kannst du gut?

_____

Was kannst du nicht?

_____

Kannst du dir erlauben, es nicht zu können?

_____

Stärken erkennen und vor allem Schwächen zu erkennen, ist extrem wichtig. Uns zu erkennen und anzunehmen, wie wir sind. ☺ Es ist einfach o.k., wenn du etwas nicht kannst oder er etwas nicht kann. Wir sollen nicht alles können, wir sind nicht hier, um alles zu können. Wir sind hier, um das zu können, was unser Gebiet ist, und das andere tun eben andere.

Ja sagen, Angstmechanismen

Wenn du einen Menschen liebst, dann haben dein Herz und deine Seele das Bedürfnis, mit diesem Menschen/mit dieser

Seele zusammen zu sein, viel Zeit miteinander zu verbringen und alles zu teilen. Und dein Herz hat auch den Wunsch, sich immer näherzukommen ... sich immer tiefer und tiefer zu begegnen. Sich immer näher aufeinander einlassen und sich immer tiefer und fester zu lieben. Das ist der natürliche Verlauf einer Beziehung, dass wir uns immer tiefer verlieben, dass wir uns immer näherkommen – und zwar uns selber und gleichzeitig dem Partner. Das heißt nicht, dass wir werden wie der Partner, sondern wir werden mehr wir selber und der Partner wird mehr er selber. Also wir kommen näher zu uns selber und näher zum Partner. Es bedeutet also nicht, dass du dich aufgibst und so wirst, wie er/sie dich haben will (denn das ist ja sowieso nur sein Kopf/seine Angst/seine Erwartung, welche dich so haben will, und nicht sein Herz). Das Herz will immer, dass ihr glücklich seid, du und dein Partner, und dass ihr IMMER ihr selber seid!

Also das heißt, du willst dir immer näherkommen, dir selber und somit auch deinem Partner und somit auch deinem Herzen. Klingt ganz logisch und ganz normal. Wenn ich aber Paare beobachte, beobachte ich bei fast allen etwas gaaanz anderes, etwas Krummes! Und zwar, dass sie sich immer mehr voneinander entfernen, dass sie sich immer mehr streiten, dass sie sich immer mehr kritisieren, dass sie sich langweilen, dass sie sich verlieren. Also, das geht nicht! Das ist keine Liebe. Liebe macht dich immer schöner, offener, liebevoller, hingebungsvoller usw.

Also wie kannst du jetzt deinem Partner näherkommen, tiefer gehen und eine Beziehung und Liebe leben, wie es eigentlich vorgesehen und natürlich ist? Dazu kannst du folgende Dinge beobachten oder lernen:

Angst

Einer der Hauptgründe, weshalb wir uns nicht tiefer lieben, nicht mehr öffnen für unseren Partner, was gleichzeitig bedeutet, mehr Liebe zu fühlen, ist die Angst. Wir wollen alle mehr Liebe fühlen, und das können wir, indem wir unserem Herzen folgen, uns öffnen für einen Menschen oder für eine Sache und uns tiefer einlassen. Was passiert nun, wenn wir ja alle diesen Wunsch haben?

Es kommt die Angst. Sie hat Angst, sehr viel Angst. Und was macht ein Kind, wenn es Angst hat? Es sieht Spukgespenster oder sieht einen Schatten und denkt, es sei ein Auto. Und es fängt an, uns Geschichten zu erzählen. Die Angst hat nur Angst, dass du wieder verletzt wirst oder etwas erlebst, was du in früheren Beziehungen erlebt hast usw.

Ich möchte dir ein paar Mechanismen zeigen, welche die Angst benutzt, damit du sie erkennen und auflösen kannst, damit du nicht mehr ihr Sklave bist oder ihr auf den Leim gehst.

Den Partner schlecht machen

Eine der oft verwendeten Taktiken von Angst, Mustern und Schmerz, damit sie sich nicht lösen müssen, ist, den Partner schlecht zu machen, damit man sich von ihm distanziert. Damit man sich dem Partner gegenüber verschließt, ihn verurteilt, sich auf seine Fehler konzentriert, an ihm herummeckert, seine schlechten Seiten hervorhebt, schlecht über ihn redet oder denkt usw. Was natürlich alles hilft, dich deinem Partner gegenüber zu verschließen, ihn zu verurteilen und dich eben nicht zu öffnen, nicht tiefer zu gehen. Denn die Angst will dich beschützen. Beschützen vor was? Vor der Liebe, davor, dass sich etwas Altes von dir löst. Das Alte brauchst du aber nicht mehr. Entweder du hast die Lektion gelernt, oder sie wird in einer neuen Version wieder auf dich zukommen. Aber das Gleiche wiederholt sich eher selten.

Den Partner stören

Die Angst wirkt nicht nur bewusst in dir, sie schwappt oft auch zum Partner hinüber. Du kannst die Angst oder deine Angst einmal wahrnehmen. Wo sitzt sie in deinem Körper? An welchen Körperteilen spürst du sie? Wo ist sie in deiner Aura? Und schaue sie einmal an und fühle sie … ein paar Minuten lang. Oft ist sie unbewusst und fängt an zu manipulieren. Entweder drückt sie auf die Ängste des Partners, so werden seine Ängste auch stärker und er fängt an, sich anders zu verhalten. Er lässt sich dann von seinen Ängsten und Spukgespenstern leiten.

Plötzlich denkst du, er habe eine andere oder er wolle dich gar nicht oder er liebe etwas anderes mehr als dich … Und der Partner denkt gleich oder ähnlich. Dabei war vor kurzem alles noch supertoll. Dann weißt du: Ah, unsere Herzen wollen sich gerade näherkommen. Wir sind gerade dabei, uns noch tiefer zu begegnen – und das ist wunderschön.

Durchschaue diese Mechanismen und löse sie. Werde Herr und Meister über alles, was in deinem Körper und deiner Aura abläuft. Entscheide dich für die Liebe. Sage ja zur Liebe. Sage ja zu deinem Partner. Und ganz wichtig: Denke immer, IMMER gut über deinen Partner. Er ist immer unschuldig. Dein Partner ist IMMER unschuldig. Egal, wie deine Angst deinen Partner vor dir schon schlecht gemacht hat. Er oder sie ist ein König, eine Königin. Und er oder sie verdient den größten Respekt und die größte Anerkennung. Sie ist heilig, er ist heilig. Einfach weil du ihn oder sie liebst, wird er oder sie automatisch heilig. Du solltest nicht schlecht denken und schon gar nicht schlecht reden über einen Heiligen. Auch nicht über einen König oder eine Königin.

Es gibt nichts Heiligeres als die Liebe und wenn sich zwei Menschen lieben. Es ist das Wunderschönste auf der Erde. Bitte erlaubt euren Ängsten nicht dazwischenzufunken. Bitte erlaubt keinem eurer Mitmenschen ein schlechtes Wort oder einen schlechten Gedanken über euren Partner. Ich habe das von den Moslems gelernt, sie haben das im Koran verankert: »Rede nie schlecht über jemanden.« Und das hat so eine Kraft, es ist so toll und so gut. Einfach so als Grundeinstellung: immer gut reden über deinen Partner.

Die Liebe ist es wert, geachtet zu werden. Und somit ist es auch dein Partner wert, geachtet und wertgeschätzt zu werden – bis aufs Höchste. ☺

Dein Partner ist heilig!
Dein Partner ist ein König, eine Königin!
Sage ja zur Liebe!

Wenn du der Angst folgst oder wenn du ihren Geschichten glaubst, welche sie dir ständig erzählt, wirst du unzufrieden und fängst an zu nörgeln. Entweder unterbewusst oder verbal. Und das spürt dein Partner. Du gibst dir weniger Mühe, und er gibt sich weniger Mühe. Du machst weniger für ihn anstatt mehr. Und er auch. Du ziehst dich mehr zurück und denkst: ›Wenn er es nicht tut, dann tue ich es auch nicht.‹ Und es entsteht eine Spirale von Rückzug, Verletzungen, in der man sich wehtut, sich absichtlich etwas nicht gibt, Streitereien werden provoziert usw. Und alles nur, weil wir Angst haben, uns näherzukommen.

Sich näherzukommen ist etwas vom Schönsten, was es gibt. Du wirst nicht fallen, solange du in dir verankert bist. Stelle dich immer auf deine Füße, fühle immer dein Herz und deinen Körper und mache immer, was gut ist für dich. Und öffne dich gleichzeitig immer mehr für deinen Partner. Lasse dich darauf ein, noch mehr Liebe durch dich fließen zu lassen für deinen Partner. Erlaube deinem Herzen, ihn noch mehr zu lieben, ihn noch mehr zu ehren, noch mehr für ihn zu tun. Erlaube dir, dich noch mehr der Liebe hinzugeben.

Es ist völlig egal, was er getan hat, es ist völlig egal, wie er ist, es ist völlig egal, was er nicht hat oder nicht tut. Er ist dein heiliger, dein gewählter Partner. Du hast ihn gewählt, wenn er dir nicht mehr gefällt, beende die Beziehung. Jetzt. Heute. Ihr beide habt es nicht verdient, euch schlecht zu behandeln. Trenne dich oder gehe ganz auf ihn ein. Aber so etwas dazwischen ist nicht schön, für beide nicht.

Die Liebe will immer geben, die Liebe will sich immer öffnen, die Liebe will sich immer hingeben, die Liebe sagt immer, was sie will, die Liebe verzeiht und lässt los. Schnell. Sage ja zur Liebe. ☺ Jaaaaaaaaa.

Rede immer gut über deinen Partner.
Behandle deinen Partner immer wie einen König.
Sage immer ja zur Beziehung.
Sage immer JA zur Liebe.

Angst vor Ablehnung

Forscher haben herausgefunden, dass ein großer Leidensverursacher die Angst vor Ablehnung ist und dass wir oft viele Bemühungen unternehmen, weil wir Angst vor Ablehnung haben. Oder wir bleiben nur aus Angst vor Ablehnung in einer Beziehung oder folgen unserem Herzen deshalb nicht. Die Angst vor Ablehnung ist nicht zu unterschätzen.

Als ich dann auch auf diese Angst gestoßen bin – immer wieder in meinem Leben –, habe ich die Engel und mein Herz dazu befragt, und es ist so wunderschön, wie sie mir diese Angst erklärt haben. Sie sagen mir immer, dass alles, was in meinem Leben ist, einen Sinn hat und genau richtig ist. ☺ Juhuuiiii. Also auch alle Gefühle. Oft ist es nur so, dass wir die Gefühle missverstehen oder missdeuten und vor allem falsch damit umgehen. Also ich erkläre jetzt, was mir gezeigt wurde.

Wie meistens ist die Angst vor Ablehnung eine Illusion. Das heißt, sie existiert nicht wirklich. Sie ist wie ein Nebel, er sieht sehr echt aus, fühlt sich echt an, aber er ist nicht beständig. Das heißt, sobald die Sonne scheint, löst sich der Nebel auf. Illusionen und Ängste sind wie Wolken, sie sind nicht echt und nicht beständig … Mal sind sie da, mal nicht, mal haben sie diese Form, mal eine andere, mal sind sie groß, mal ganz klein – und sie können sich auflösen, aus unserem Leben ziehen und im Nichts verschwinden. ☺

So, die Angst vor Ablehnung fühle ich oft und oft beeinflusst sie mein Handeln, Reden oder Denken. Ich denke dann aus dieser Angst heraus: »Was kann ich tun, damit mich alle mögen? Wenn ich das tue, dann mögen sie mich nicht, oder? Wenn ich das tue, lehnt er mich ab.« Und so weiter …

Ein Beispiel aus meinem Leben, eine Kommunikation zwischen mir und meinem Herzen: Ich laufe auf der Straße. Eine Frau hatte mich gerade angemotzt, und ich höre mein Herz sagen: »Du bist unendlich geliebt, immer und von allen.«

»Hä? Nein, die Frau, die mich gerade angemotzt hat, liebt mich sicher nicht, die denkt über mich das … und dies …« Und ich fühle, dass ich prüfen sollte, ob das stimmt. Ich schaue mir diese Frau einmal an und frage mein Herz: »Wie geht es ihr?« »Nicht gut.« »O.k., sie hat Probleme mit ihrem Mann?« »Ja.« »O.k. Kann es sein, dass sie sich nicht gut fühlt wegen des Streites mit ihrem Mann?« »Ja, und weil sie sich zu wenig wertschätzt.« »Genau.« »O.k., jetzt schau einmal ihr Herz an, tief innerlich.« »Ja, es ist schön.« »Und schaue mal, ob dich dieses Herz liebt …« »Wow, ja, es liebt mich.« »Alle Menschen lieben dich aus ihrem Herzen, egal, ob sie dich kennen oder nicht, egal, wie sie dich behandeln, egal, was sie dir sagen oder was sie über dich denken. Tief im Herzen lieben dich die Menschen immer, immer, immer. Auch egal, was du sagst, wie du sie behandelst, was du über sie denkst usw. Alle Menschen lieben dich tief innerlich. Das Universum liebt dich auch unendlich, das ist dir ja klar, und die Engel und ich lieben dich auch megaunendlich und für immer total fest.« ☺ Und ich hatte nur ein Riesensmile im Gesicht. »Konzentriere dich immer auf das Herz der Menschen, was es fühlt und denkt über dich, und unterscheide oder erkenne, wenn sie aus Emotionen, Ängsten, dem Ego oder dem Kopf sprechen.« ☺

Nach einer Weile habe ich das dann verstanden und übe es immer noch. Dann kam mir wieder in den Sinn, dass mein Herz ja gesagt hat, dass jede Angst eine Aufgabe für uns hat oder nützlich ist. Und so habe ich mein Herz gefragt: »O.k., und was will mir diese Riesenangst vor Ablehnung beibringen?«

Wie immer freut sich mein Herz total, wenn ich ihm eine Frage stelle. Und es antwortet mir: »Ja, schau, wenn du Ablehnung erfährst, ist das nur ein Zeichen, dass du auf einem Weg oder einer Richtung bist, die du gar nicht willst.« Diese Antwort hat mich ein bisschen verwirrt, was mein Herz gespürt hat. Es hat mir dann weiter erklärt: »Wenn du etwas tust, vorhast, planst, denkst, was nicht deiner Bestimmung oder deinem Herzenswunsch entspricht, fällst du aus deiner Mitte. Das heißt, du bist nicht mehr du selber oder weniger verbunden mit deiner Seele, deiner Essenz, deinem Herzen. Das kann man so sehen, dass du dich ein bisschen ablehnst oder deine Wünsche ablehnst. Deine Mitmenschen kriegen das mit, unbewusst oder bewusst, und fühlen, dass du nicht du selber bist oder irgendwie anders. Und sie lehnen dich dann ab, sie sagen Treffen mit dir ab, haben keine Zeit, wollen nichts mit dir machen oder sonst eine Art von Ablehnung.«

»O.k., gut, das habe ich so halb verstanden. Aber was mache ich, wenn ich abgelehnt werde oder mich abgelehnt fühle oder eben nicht das tue, was ich eigentlich will?« »Ja, genau, gute Frage. ☺ Aus welchem Grund gehst du aus deiner Mitte? Aus welchem Grund machst du nicht, was du wirklich willst, oder warum setzt du deinen Herzenswunsch nicht um? Aus welchem Grund flüchtest du in etwas, was dir nicht entspricht?« »Ja, aus Angst vor dem Neuen, aus Angst vor der nächsten Herausforderung, aus Angst, noch mehr ich selber zu sein, und aus Angst, geliebt zu werden für das, was ich bin.« »Jaaaa, bravo! Also zusammengefasst heißt das, du erfährst Ablehnung und/oder hast Angst, abgelehnt zu werden. Dies zeigt dir, dass du vor etwas Neuem stehst, wovor du Angst hast und was du ablehnst. Was ist nun die Lösung?« »Ja, diese Angst auflösen, mich mit dem Mut verbinden, ins Vertrauen gehen und das Neue ein bisschen anschauen und begrüßen.« »Huuuuurrrrrrrrrrrraaaa-aaaaaaaaaa! Ja, genau. Und was ist das Neue, was dir bevorsteht?« »Ich will es nicht sagen.« »Sag's!« »O.k., wir sind gerade dabei, uns noch mehr zu öffnen, mein Partner und ich, uns noch mehr zu zeigen, wer und wie wir sind. Also wir öffnen unsere Welt, welche wir noch voreinander versteckt halten, und zeigen uns.« »Jaaaaaa, bravo! (*Klatsch.*) Und fühle in dein Herz, willst du das? Willst du deinem Partner noch mehr von deiner Welt zeigen?« »Mein Herz sagt ja, aber ich habe Angst.« »Ja, kannst du das annehmen, dass es so ist? Und dich und deine Angst umarmen?« »Ja.«

Jede Angst und jede Ablehnung hilft dir. Also hab keine Angst vor der Ablehnung, oder umarme die Angst vor der Ablehnung und du kannst noch mehr lieben. ☺

Angst davor, wirklich geliebt zu werden

So jetzt kommen wir zur Jackpot-Information. Wenn du das verstanden hast und in dir heilen kannst, dann wirst du sehr, sehr viel Liebe erfahren.

Es ist eine sehr tiefe Urangst in uns, und sie ist gleichzeitig der Boden für Streitigkeiten und Unkräuter. Wir denken oft, wir hätten Angst, unseren Partner zu verlieren, Angst, dass er fremdgeht, Angst vor Ablehnung … Doch unter all diesen Beziehungsängsten liegt genau eine einzige Urangst, nämlich: die Angst, tief und echt geliebt zu sein.

Was, wenn unser Partner uns tatsächlich tief und echt liebt? Rein und fein. Was, wenn alles andere, das er tut und das es so aussehen lässt, als ob er uns nicht lieben würde, nur Schein ist? Genau so ist es auch. Das Herz deines Partners liebt dich! Es liebt dich immer und bedingungslos. Und du bist unendlich geliebt. Immer und überall und egal, was du machst. Wir haben es oft nicht so erlebt als Kind, weil unsere Eltern oft Bedingungen gestellt haben, aber wir sind es: geliebt.

Übung

Diese super Übung würde ich unbedingt machen, am besten gleich jetzt! ☺

Lege dich bequem hin, atme tief ein, fühle deinen ganzen Körper, entspanne dich, du darfst so sein, wie du bist. Nun bitte darum, dass dir deine Angst vor dem Geliebtsein gezeigt wird, und fühle sie. Fühle, wo im Körper sie sitzt, dann umarme sie, fühle sie, tauche in sie hinein, lass sie größer werden und sei mit ihr für etwa eine halbe Stunde. Versuche, deine Aufmerksamkeit bei der Angst zu halten. Falls du abschweifst, konzentriere dich einfach wieder auf die Angst. Lass deine Liebe in die Angst fließen.

Checkliste

Ja super! Jetzt kennst du die wichtigsten Pflanzen aus dem Liebesgarten. ☺ Es freut mich total, dass du dir dieses Buch zu Herzen genommen hast. ☺ Es ist so wichtig, sich zu lieben und sich gegenseitig zu ehren und zu lieben, und du bist jetzt einen großen Schritt weitergekommen. ☺ Hurra!!!

Ich gebe dir hier nun eine Checkliste, mit der du ganz schnell deinen Liebesgarten checken kannst – ob er genug Wasser, Licht, Luft usw. hat. Du siehst, welche Bedürfnisse auf Erfüllung warten und welches Unkraut aufgelöst werden sollte usw. ☺

Wähle eine Person, mit der du überprüfen willst, was der Liebesgarten benötigt. Das kann dein Partner, dein Kind, deine Eltern, deine Mitmenschen usw. sein.

Als Erstes siehst du zu, dass du den Kopfzustand loslässt und in die Herzensliebe gehst. Also entspanne dich, atme tief ein, mache schöne, leise Musik an, verbinde dich wieder

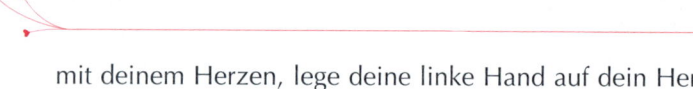

mit deinem Herzen, lege deine linke Hand auf dein Herz und atme tief ein.

Frage nun dein Herz:
Wie oft soll ich meinen Liebesgarten mit dieser Checkliste checken? Und nimm die erste Antwort, die kommt.

Schreibe deine Antwort hier auf:

_____ -mal am Tag,

_____ -mal pro Woche,

_____ -mal pro Monat …

Zuerst deine Bedürfnisse. Frage dein Herz:

Was brauche ich jetzt von mir?

_____

Was brauche ich allgemein im Leben?

_____

Wovon brauche ich mehr?

_____

Wovon brauche ich weniger?

_____

Welche meiner Grenzen habe ich »miss-achtet«?

_____

Was braucht mein Partner (Kind, Mitmensch) jetzt?

_____

Wovon braucht er jetzt weniger?

_____

Wo soll ich ihn mehr lassen?

_____

*Welche Grenzen meines Partners
habe ich nicht wahrgenommen?*

_____

Unkrautcheck:

Was für Gedanken hast du gerade?
Beobachte sie eine Weile.

_____

Was für starke Gefühle hattest du in letzter Zeit?
Was fühlst du gerade? Wie fühlst du dich jetzt?
Fühle die Gefühle eine Weile, je länger und
tiefer, desto besser.

_____

_____

Wie viele Neins habe ich zu meinem
Partner (Kind, …)?

_____

Löse sie gleich auf, die Übung findest du auf Seite 121 ff.

Was verurteilst du an deinem Partner?

_____

Erlaube deinem Partner, so zu sein, wie er ist, oder etwas noch nicht zu können und es in seinem Tempo zu lernen.

Was verzeihst du deinem Partner nicht?

_____

Verzeihe ihm. Er tut alles nach bestem Gewissen. Oder sieh nach, welche Emotion noch da ist, z. B. bist du noch sauer oder verletzt, dann fühle den Schmerz und die Wut ganz.

Partnerübung

Ganz toll ist es natürlich, wenn ihr beide das Buch lest – also du und dein Partner. Ihr könnt euch zum Beispiel gegenseitig daraus vorlesen oder nebeneinandersitzen und lesen.

Diese Übung ist für euch beide, ihr könnt sie zusammen machen, und ich finde sie ganz lustig. Vor allem wenn ihr viel streitet, euch trennen wollt oder einfach unzufrieden seid mit der Beziehung, würde ich die Übung unbedingt zusammen machen. Ansonsten hilft die Übung einfach dabei, mehr Liebe, Schwung und Freude in euer Liebesleben zu bringen. ☺

Also ihr braucht dazu zwei Blatt Papier. Die Größe spielt keine Rolle, es muss einfach nur genug Platz da sein. Jeder nimmt seine Lieblingsfarbe oder seinen Lieblingsstift. Dann setzt ihr euch einander gegenüber, und jeder zeichnet auf sein Papier seinen Liebesgarten. Ihr könnt einfach malen oder zuerst ein bisschen meditieren. Malt zwei Beete, in das eine Beet malt ihr die Pflanzen und in das andere die Unkräuter. Nehmt euch Zeit dafür und fühlt dabei immer wieder in euer Herz.

Hier noch ein Überblick über die Pflanzen, damit ihr sehen könnt, ob alle Pflanzen auf dem Bild sind:

du

deine Bedürfnisse

deine Gedanken

deine Emotionen

dein Partner

deine Grenzen

Nähe & Distanz

Und die Unkräuter:

Kopfzustand

Neins

Nicht verzeihen können

Missverständnisse

Verurteilen

Angst

Wenn ihr beide fertig seid, zeigt ihr euch gegenseitig eure Liebesgärten und erzählt, was ihr braucht, was was ist, was fehlt usw. Nehmt euch Zeit dafür, alles anzuschauen und zu besprechen. ☺ Und danach kuscheln, küssen … was eure Herzen gerade wollen … ☺

Ausklang

Ich danke dir, geliebte Seele. Ich danke dir von ganzem Herzen. Ich danke dir, dass du dich für die Liebe interessierst. Ich danke dir, dass du dich um dein Herz und seine Botschaften kümmerst. Ich danke dir, dass du hinter das Unkraut schaust und die wahre Liebe und Botschaft »ent-deckst«. Ich danke dir, dass du deinen Partner liebst und ehrst. Ich danke dir, dass du Liebe bist und dass du liebst. ☺

Ich singe das Lied der Liebe, es ist so süß und zart.
Es rauscht vorbei an deinen Ohren und säuselt dir leise
zu: »Mein liebes Kind, ich liebe dich, du bist unendlich
geliebt, du bist getragen, gehalten und tief bis unendlich
geliebt. All dein Tun, all deine Gedanken, all deine
scheinbaren Fehltritte und all deine Erfolge sind gesegnet
und geliebt. Lebe in Liebe und genieße die Liebe in vollen
Zügen. Du bist unendlich geliebt … sssssss … laaahhhh
… laaaaaahhhh … laaaaa … laaahhhhaaaaa … la …
sssss … lllaaaaaahhhhhh … lllaaaahhhhhh … sssss …
laaaalllaaaaahhhhhahhhhhaaaaaaaaaa.«

Danke, dass du mir hilfst, meinen Traum von einer Erde
voller Liebe zu kreieren. ☺

Mögest du immer mit rosa Glitzerliebe überschüttet sein,
mögest du immer die süße Liebe deines Herzens fühlen
und mögest du dich jeden Tag tief umarmt
und geliebt fühlen. ☺

Bis bald
Liebe rosa Glitzergrüße
Lena ☺

128 Seiten, 2-fbg., broschiert
ISBN 978-3-89845-429-2
€ [D] 12,95

Lena

Für Dich und Dein Herz

Geh Deinen Weg – Ein Kristallkind erzählt

Lena ist eine Autorin der besonderen Art: Als Kristallkind schreibt sie nicht mit dem überlegenden Verstand, sondern mit dem fühlenden Herzen ... Und hier ebnet sie Dir den Weg, damit auch Du Deinem Herzen folgen kannst.

Wenn Du Dein Herz als Deinen Lehrer, Deinen Wegweiser, als Deinen allerbesten Freund annimmst, wenn Du Dich traust und Dein Herz fragst, wird es Dir verraten, wie Du glücklich werden kannst.

Lena zeigt Dir, wie es klappt, mit Deinem Herzen Kontakt aufzunehmen, es zu fühlen, es zu hören und von ihm zu lernen.

168 Seiten, 2-fbg., broschiert
ISBN 978-3-89845-260-1
€ [D] 11,90

Lena

Wir Kristallkinder

Liebe, Vertrauen und Wahrheit

Lena ist das erste Kristallkind, das seine Geschichte niedergeschrieben hat. Sie schreibt über das wahre Wesen der Kristallkinder, ihr Denken und Fühlen, ihre Schwierigkeiten, auf der Erde zu leben, und ihre Erinnerung an den Kristallplaneten.

Präzise Antworten auf offene Fragen sowie wertvolle Hinweise zu grundlegenden Besonderheiten dieser Kinder vervollständigen dieses bemerkenswerte Buch und lassen in uns die Erkenntnis reifen, dass wir im Umgang mit diesen manchmal wundersamen, aber immer auch wundervollen Kindern viel über uns selbst lernen können ...

224 Seiten, broschiert
ISBN 978-3-89845-511-4
€ [D] 14,95

Julia Kathan

Alles für ein bisschen Liebe?

Schluss mit Warten & Schmachten. Liebes-sucht erkennen und heilen.

»Liebessucht« betrifft weit mehr als einen kleinen Kreis von Frauen, die dazu neigen, sich auf Liebe und Beziehung als Lebenselixier zu fixieren. Julia Kathan räumt schonungslos auf mit dem end-losen Warten auf Mr. Right und beschreibt lebens-nah und humorvoll die Ursachen, die in die Lie-beskummerschleife führen – und inspiriert dazu, sich selbst zu verändern, anstatt immer neu den zwecklosen Versuch zu starten, den Liebespartner verändern zu wollen. Und so macht sie Lust darauf, sich in die Liebe, die nicht wehtut, zu verlieben und unberührtes Neuland zu betreten.

248 Seiten, broschiert
ISBN 978-3-89845-306-6
€ [D] 14,90

Richard Webster

Magische Liebessymbole

Düfte · Edelsteine · Blumen · Farben · Tarot

Magische Symbole der Liebe und Romantik sind Ausdruck von Gefühlen und Emotionen. Von Per-len bis Granatäpfel oder von Wodka bis Venus – dieses Buch führt Sie durch die Geschichte der Liebesikonografie und verrät, wie Sie mit der kraft-vollen archetypischen Energie der Symbole Ihr Leben mit Romantik, Leidenschaft und dauerhaf-ter Liebe bereichern können.

Einfache Anleitungen zeigen Ihnen, wie Sie Ihr Liebesleben mit Hilfe dieser Sinnbilder durch Meditation, Traumarbeit und Zauberei auf eine neue Ebene heben können.

Maria Anna Schmitt

Herzflimmern

... für Vertrauen, Freundschaft und Liebe

Herzige Wegbegleiter für Vertrauen, Freundschaft und Liebe ...
Dieses Herzkarten-Set hilft dabei, sich selbst und seine Liebsten besser zu verstehen. Alle drängenden Fragen rund um Freundschaft, junge Liebe und Flirts sowie das Vertrauen zu sich selbst und anderen werden witzig und schlagkräftig beantwortet.

49 Herzkarten inklusive 3 Anleitungskarten, in Box
EAN 4260075280219 · € [D] 13,90

240 Seiten, broschiert
ISBN 978-3-89845-252-6
€ [D] 6.95

Vadim Tschenze

Die Geheimnisse der Liebesmagie

10 x 13 lichtvolle Rituale

Wir alle wissen: Es ist schwierig, einen Partner fürs Leben zu finden.
Damit Sie Ihren Wunschpartner fortan nicht mehr ziehen lassen müssen, hat Vadim Tschenze unzählige Liebesrituale für Sie zusammengestellt, die Ihnen dabei helfen, die Liebe in Ihrem Leben zu halten, unliebsame Konkurrenten lahmzulegen oder auch die Zuneigung zwischen Ihnen und Ihrem Partner zu intensivieren.
Die Rituale selbst sind dabei bewusst einfach gehalten, damit Ihnen das »Nachzaubern« keinerlei Probleme bereitet und Ihr Glück durch nichts mehr aufgehalten wird ...

128 Seiten, 2-farbig, broschiert
ISBN 978-3-89845-497-1
€ [D] 12,95

Bernadette Saphira Huber

Meine Ziele, mein Schutzengel und ich

*Mit deinem Engel kannst du alles schaffen,
was du willst*

Bernadette Saphira Huber zeigt dir, wie du in Verbindung mit deinem Schutzengel die Ziele deines Herzens erreichst. Sie verrät, wie dein Schutzengel in Einheit mit dir dein Leben gestalten kann. Ihre praktischen Anleitungen machen anschaulich klar, wie dein Engel dich beim Erreichen deiner Ziele unterstützt.

Gemeinsam mit deinem Schutzengel wirst du so zum Schöpfer deiner Welt. In diesem unschlagbaren Team kannst du alle Ziele in deinem Leben erreichen.

88 Seiten, gebunden
ISBN 978-3-89845-509-1
€ [D] 9,95

Jennidee Mills

**Bewusst malen –
Engel, Elfen und mystische Wesen**

Treten Sie ein in das magische Reich der Engel und Elfen, der mystischen Wesen – voller Phantasie und Poesie!

Lassen Sie sich entführen in eine magische Welt mit zauberhaften Wesen und poetischen Texten. Wunderschöne, fröhliche und verträumte Motive laden Sie zum Kolorieren und zum Kreativwerden ein. Die bezaubernden Illustrationen und Texte sprechen Ihre Sinne auf eine Art und Weise an, die die Ihnen innewohnende eigene Kreativität entfaltet.

Treten Sie ein in diese märchenhafte Welt und gönnen Sie sich jetzt eine kreative Ruhepause im Alltag. Sie werden sehen, dass dies nicht nur eine Menge Spaß macht, sondern negative Gefühle und Stress einfach verschwinden lässt und neue Energie und innere Ruhe spendet.

Weiterführende Informationen zu
Büchern, Autoren und den Aktivitäten
des Silberschnur Verlages erhalten Sie unter:
www.silberschnur.de

Natürlich können Sie uns auch gerne den
Antwort-Coupon aus dem beiliegenden
Lesezeichenflyer zusenden.

Ihr Interesse wird belohnt!